青き闘球部

東京朝鮮高校ラグビー部の目指すノーサイド

李淳馹
LEE SUNiL
リ・スンイル

ポット出版

カバー写真◉井田新輔
2002年度の最終戦を終えた東京朝鮮高校ラグビー部のメンバーたち
6番………梁義弘
9番………高英紀
3番………鄭在鎬
13番…… 李成柱
8番………李基成
7番………李秀日
11番…… 呉泰烈

青き闘球部

東京朝鮮高校ラグビー部の目指すノーサイド

目次

序章　久我山との熱戦……7

第1部　1975年からの歴史

第1章　草創期……18
1　東京朝高闘球部……19
2　越境の指導……29
3　日本一の相手……38

第2章　表舞台……49
1　楕円球との出会い……50
2　公式戦の扉……57
3　OBたちの再燃……61
4　待望の後援会……67

第3章　悪条件……78
1　人材不足の宿命……79
2　大型バスの旅……83
3　菅平の夜……92

第4章　問題児……101
1　最初の出会い……102
2　繁華街の不良少年……109
3　保護司の手紙……116

第2部
2000年からの挑戦

第5章　新入部員……128
1　22人の大人数……129
2　〝不惑〟のコーチ……141
3　1年生の退部届け……150
4　秩父宮の決勝戦……162

第6章　取り組み……175
1　春合宿……176
2　新任教師……181
3　ボールの〝横取り〟……189
4　〈最優等〉の新1年生……200

第7章　交流……209
1　成果の現れ……210
2　七輪を囲んで……215
3　新チームの結成……222
4　真冬の練習試合……230

終章　緑の中の再戦……237

［補遺］朝鮮高校を知るために
日本に生きた1世の歴史から、次なる世代の未来へ――
1　「北か南か」……255
2　朝鮮学校の勃興……259
3　〈北〉への思い……266
4　新たな関係……271

序章

久我山との熱戦

２００５年11月13日のその試合、ひとつの楕円球を追う30人の選手たちが駆け回る緑色のグランドは人工の芝だった。全天候に対応できること、手入れが簡単なこと、そして何より本来芝の上で行なうラグビーを楽しむ上では格好の場として、ここ数年全国各地に作られているスポーツ専用のグランドだ。

場所は、東京北区十条にある東京朝鮮高校。その前年、ラグビー部、サッカー部のＯＢたちが中心となり資金繰りをしてようやく完成にこぎつけた念願のグランドである。その計画の中心となったのが、同校ラグビー部のＯＢであり、現在は同校の教員としてラグビー部の監督を務める申鉉秀（シン・ヒョンス）だった。

申鉉秀は、目の前の試合を緊張の面持ちで眺めていた。それは第85回全国高校ラグビーフットボール大会・東京都第２地区予選の準決勝。年末年始に大阪・花園ラグビー場で行なわれる全国大会の東京都代表を決める大会である。

朝鮮高校のグランドが、日本の公式大会の場として使われるようになったのはこの人工芝のおかげでもある。が、同時に申鉉秀自身がそれまでラグビー部の監督として東京都の日本の高校と交流を続けてきた努力の賜物でもある。この日の対戦相手、國學院久我山高校の竹内伸光監督も、ともに合同練習や練習試合を通して親交を深める良きライバルであり先輩であった。

東京朝鮮高校闘球（ラグビー）部の創部は１９７５年。実は、この日をさかのぼることおよそ２ヶ月、同部の創部30周年を記念して行なわれた招待試合の相手をこころよく務めてくれたのも竹内監督であり、久我山高校の選手たちだった。この同じ人工芝のグランドで闘ったその日の試合は、朝高ラグビー部の30年の歴史の中でも特に記念すべき日となった。朝高がラグビー強豪校として全国に名の知れた久我山に見事勝利したのだ。

そして迎えたこの日の試合は、花園へのキップ2枚のうちの1枚をかけた準決勝戦。これまで14年連続して花園出場を決めている久我山を破れば花園への出場は大きく近づくことは確実だった。一方、2ヶ月前には負けたとはいえ、久我山フィフティーンも簡単に敗れるわけにはいかない。その年新調した歴史ある青きラグビージャージをまとった朝高と黄色の2本線を腕にした伝統の濃紺ジャージの久我山。意地と誇りがぶつかり合う熱戦が、多くの観客の歓声の中で繰り広げられていた。

試合は後半に入った。前半終了の時点で10対7と朝高が3点のリード。ともに1トライ1ゴールを決め7対7だった前半終了間際、朝高が久我山の反則からペナルティーゴールを決めリードしたのだ。

しかし、申鉉秀にとって3点のリードはまったく気の許せるものではなかった。ラグビーにおいての3点は、たったひとつの反則からでも得られるもの。後半は30分ある。その間に何が起こるかは誰にもわからない。2ヶ月前の勝利も過去のものでしかなく、いまの闘いはいまの闘い、全力を出し切らねばならない。

申鉉秀は、接戦の予想されるこのグランド上では試合終了のノーサイドの笛が吹かれるまで、何が起こるかわからないと思っていた。たったひとつのミスから試合の流れは変わり、些細なことで勝利はいずれかに傾く。力の均衡した者どうしの勝負とはそういうものだ。予想通り、思惑通りにいかない勝負に勝つ者こそが、真の勝利者に値する。最後まで勝敗はわからない勝負を制してこそ大きな歓喜が訪れる。いずれにせよ、朝高は挑戦者なのである。久我山という大きな目標に向かって走り続ける挑戦者だ。

試合が動いたのは後半5分。朝高ゴール前でタックルに行った朝高側に反則があった。久我山はゴールを狙い3点追加。10対10の同点となった。直後、そのわずか2分後にも再び朝高が反則。ゴールを決めた久我山がまたたくまに13対10と逆転を決める。ノーサイドまで残り20数分。

リードされた。申鉉秀にとっては、ここからが本当の勝負だと思えた。挑戦者が王者にどこまで迫れるか。3点差は、ひとつのペナルティーゴールで同点、1トライの5点で逆転も可能だ。

そのためにも常に敵陣で勝負を続けることが望ましい。キックで敵陣へ。そこから相手の攻撃を許さない激しいディフェンスで敵陣に留まり続ける。少しでも朝高のディフェンス網が崩れれば久我山は朝高陣へなだれ込んでくるだろう。だが、ディフェンスを続ければ、攻め手を失った久我山はキックで逃げるか、たまらず反則を犯す。いずれにせよ、ミスを犯した側が致命傷を負うことになるはずだ。

だが、花園を目指してここまで勝ち上がった両チーム。互いに譲らず、緊迫した試合展開が続く。朝高選手の高々と蹴り上げられたボールに驚きの声が上がり、それを見事に捕らえる久我山の選手に拍手が起こる。久我山の選手がボールを持って走ると応援の歓声と悲痛な叫び声がわき、朝高の選手がタックルで止めると歓声とため息が入り乱れる。互いに大きなミスもないまま、それはすなわち互いに決定的なチャンスもないまま張り詰めた時が過ぎていった。
そして残り10分を切ったころ、ようやくひとつの契機が訪れる。久我山の危険なプレーによる反則から敵陣深くに入り込んだ朝高は、ゴール前10数メートルでラインアウトのボールを得た。そこからフォワードが固まりとなってモールを作り、大きく前進を続ける。2ヶ月前、久我山から勝利を奪った得意のモール攻撃だ。強固に固まったモールの集団は、押して、押して久我山ゴール前へ。観客席からは、行け！行け！ という合唱とともに悲鳴がわき起こる。

2ヶ月前に見たその光景に、申鉉秀もトライへの確信が浮かぶ。あと一歩、前へ！ そしてついに、ボールを持った朝高フォワードの一団が久我山のゴールラインを越えなだれ込んだ。一瞬の間を置き、レフリーの長い笛が鳴った。

大歓声が上がった。観客席には、両手を挙げ飛び上がっている観客もいる。申鉉秀も勝利へ大きく近づいたトライにその場で強く拳を握った。逆転、ゴールが決まれば4点のリードとなる。

が、次の瞬間、会場の歓声はどよめきに変わった。レフリーの笛はトライの笛ではなかった。それは久我山の反則を知らせる長い笛。トライを阻止しようとした久我山の選手が、ゴール前でオフサイドを犯してボールに絡んで行ったのだ。ひとつのボールの上に次々と倒れ込んだ選手たちにレフリーはボールを確認することができず、そのまま久我山選手の反則を宣したのである。トライはレフリーが直接確認しなければ認められない。そのことを知る申鉉秀もただ見守るだけだ。

結果、久我山の反則によって朝高は再びペナルティーキックからラインアウトへ。そして得意のモールから再び久我山ゴールへと進んだ。

ここでペナルティーゴールを狙い同点に持ち込むことは可能だったが、選手たちは同点ではなく逆転を狙った。そう判断した選手たちを申鉉秀は信頼したし、申鉉秀自身、逆転を望んでいた。同点で試合を終えれば、あとは抽選となる。それではいずれのチームも後悔が残るだろう。

手元の時計では残り7分。久我山ゴールを目指し前進する朝高のフォワード。この日のために毎日毎日辛い練習を続けてきた。足を止めずに前へ出る。一歩、また一歩と。

だが、試合巧者の久我山もあの手この手で必死に食い止める。思うように前進ができない朝高フォワード。前進を阻止され、朝高のナンバー8がボールを持って左サイドを突く。それを止めようと、久我山の選手が低いタックルの姿勢に入る。それをはねのけようとする朝高ナンバー8。地面すれすれで2人は激しくぶつかり合った。鈍い音とともに久我山の選手が倒れ、その上に重なるように倒れる朝高の選手。そのとき、再びレフリーの長い笛、反則を告げる笛が鳴った。

何の反則だ。申鉉秀は思った。見守る観客がざわめく。続けざまにレフリーは自らの頭を下げるシグナルを出し、朝高の反則であることを片手で示した。ウォーッ！　という声が観客席から上がる。

ボールを持って頭を下げてはならないという反則だという。特に日本の高校生に限り危険防止のために吹かれる反則だ、と。ボールを手に呆然とするナンバー8。一瞬にしてチャンスは潰えた。

そのシグナルを遠くベンチから見つめる申鉉秀にとっては、その場で何が起きたかは目にできない。ただ、レフリーを信頼し、レフリーの裁定に従うだけだ。まだ時間はある。次のチャンスを待てば、ひとつのプレーで逆転は可能だ。そしてそのチャンスは必ず訪れると信じた。

久我山、ペナルティーキックからラインアウトへ。一旦モールを作りサイドアタック。それをタックルで止める朝高。そしてラックから再びサイドを突く久我山。久我山のラック、サイドアタック、朝高のタックルが再び、三たびと続く。

タックルだ！　タックルをし続ければ相手は音《ね》を上げるはず。ひるまずタックルを続けろ。申鉉秀は息の詰まる思いで生徒たちの身体を張ったタックルを見続けた。

まさに死闘だった。互いに一歩も譲らず、プレーは続いた。執拗にサイドを突く久我山。それをタックルで必死に止める朝高。ミスも反則もなく続いたその攻防は実に4分20秒にもわたった。その間、久我山の二度のキックと朝高のひとつのキックをはさんでプレーは続けられたのだ。

久我山が作ったラックは実に15。そして朝高はそれ以上のタックルをくり返した。通常のラグビーのワンプレーが30から40秒であることを考えれば、4分20秒もの間一度もレフリーの笛が鳴らない展開は異例中の異例である。そして、だからこそその攻防はその場にいたすべての観客を魅了した。久我山のミスのない攻め、朝高の身体を張ったタックル……。

だが、どれだけ観る者の心を打っても、流れる時間は朝高に不利をもたらすこととなる。

ようやく久我山が反則を犯したときには、時計の針はすでに後半の30分を越えていた。残りはロスタイム。タップキックから急いで攻めるも、久我山のゴールラインを越えることは二度とないまま、レフリーのノーサイドを告げる笛の音が響き渡った。

結局、翌週の決勝戦を難なく制した久我山は15年連続32回目の花園行きを決めることとなる。

人工芝、母校での闘いが終わり、小春日和の暖かい日差しの中、グランドでは、試合を終えた朝高の選手たちが泣いていた。

涙があふれたのは、勝ちたかったから。そして勝つつもりでいたから。そう信じていたからこそ、彼らの目には涙があふれた。

その涙を忘れないで欲しい。申鉉秀は思った。

たとえ試合に負けたとしても、目標を持ち、希望に向かって練習に励んだことは自分がよく知っている。辛い練習に耐えたということは立派だと思う。

だが、人生にはこれからもっと辛いことがあるだろう。もっと大きな壁にぶつかることがあるだろう。その時は思い出して欲しい。辛さに耐え、最後まで闘い抜いたということを。そして、日本に生きる朝鮮高校の生徒として、日本の大会で堂々と闘ったことを誇りに思え。おまえたちの闘いぶりは誰に恥じることもない。堂々と最後まで闘い抜いた。希望を捨てずに走り続けた。

その姿は、きっと次の世代に受け継がれる。おまえたちの闘志が、次のチームに希望を与えてくれる。

自信を持て。おまえたちは日本に生きる在日朝鮮人（チェイルチョソニン）なんだ。

おまえたちのノーサイドはまだ先にある――。

*

翌２００６年、朝高は久我山とは別ブロックとなり決勝まで進んだ。しかし、秩父宮ラグビー場で行なわれたその試合で、東京高校を相手に終了間際まで6対5とリードしていながら、後半29分にペナルティーゴールを決められ6対8と2点差で惜敗。

東京朝鮮高校闘球部は、いまだ花園大会出場という夢をかなえていない。

第1部

歴史

1975年からの

第1章

草創期

あの日の試合は、本当に残念だったと思います。あの久我山をあそこまで追い込んで、チャンスを得ていながら結局勝つことができなかった。3点差でも1点差でも負けは負けです。その年の9月の創部30周年の試合では勝っていましたから、勝つチャンスはあったと思います。

一方、久我山としては9月に負けているので、かえって危機感が募っていいチームになったのではないでしょうか。だからこそ、9月に招待試合をやっていなければよかったという声も耳にしましたが、9月の招待試合を決める時点では、秋の大会の組み合わせはわからないわけですし、そんなことばかり気にしていたらいいチームはできないでしょう。

そういう意味では、逆に秋の招待試合の相手をこころよく引き受けていただいた竹内監督には感謝しています。私たちも、久我山という大きな目標があるからこそここまで強くなれたのだし、まだまだライバルと呼ばれるには未熟ですが、いずれは恩返しの意味も含めて本当に良きライバルになりたいと思っています。

それに、単に久我山相手というだけでなく、試合に勝ってぜひとも花園に行きたかった。私たち朝高が試合に勝つことによって、多くのOBや父兄、そして在日同胞に少しでも希望を与えることができたなら、と。

特にラグビー部のOBたちにとっては、朝高が花園に行くということにはまた特別な思いがありましたから……………［申鉉秀監督］

1　東京朝高闘球部

「残念だったな。いろいろ言われてるけどさ、またがんばってよ、監督」

試合を終え、申鉉秀はひとりのＯＢと言葉を交わした。ラグビー部後援会の高明栄（コ・ミョンヨン）である。

「すみません、ヒョンニム（兄さん）。結果が出せなくて」

申鉉秀は、年上の先輩をヒョンニム（兄さん）と呼んで答えた。朝鮮人社会では親しい年長者を「兄さん」と呼ぶことが多い。たとえ血の繋がりがなくても、親しい人間関係はそういったところから生まれる。

「仕方ないよ。勝って同胞たちを元気づけてやりたかったけど、まあ、大会に出ただけでもうれしいことだよ。もちろん花園に行ってくれたら言うことはないけどさ」

いま、朝高ラグビー部員は〝夢の実現〟のために闘おうとしている。しかしＯＢ高明栄にとって、そして申鉉秀自身をはじめとした多くのラグビー部ＯＢにとっても、花園は実現不可能な〝夢物語〟だった。いや、実際には〝夢にも思わない〟別世界の場所、それが花園だった――。

１９６５年生まれの申鉉秀は東京朝高闘球（ラグビー）部の９期生となる。

〈東京朝鮮高校闘球部後援会〉の３代目会長を務めた高明栄は、１９５９年生まれの３期生。ラグビー部が創部された１９７５年のその当時、高明栄は高校１年生だった。

高明栄が初めてラグビーに出会ったのは高校入学時、まさに入学式直後のことだった。

東京朝鮮高校は、その名が示す通り東京で唯一の朝鮮高校である。正式名称は東京朝鮮中高級学校。そのため、当時都内に8校あった朝鮮中学をはじめ、千葉、埼玉といった高校のない近県中学の卒業生のほとんどが同校に集まる。当時、東京朝鮮高校は生徒数2千名を越えるマンモス校だった。

1975年のその日、入学式を終え講堂から出てきた高明栄は、同じ出身中学の先輩たちに囲まれた。高明栄は荒川区にある東京朝鮮第1初中級学校の卒業生だった。

「おお、やっとおまえもチョーゴセン（朝高生）だな。オレたちはおまえが来るのを待ってたんだよ」

そう言うのは同じ中学で2年先輩だった高秀元（コ・スウォン）だった。その年のラグビー部のキャプテンとなる人物である。

高秀元は言うや否や、高明栄に向かってボールを投げてよこした。それは楕円のラグビーボールだった。高明栄にとっては生まれて初めて触るラグビーボールだが、先輩の投げたボールを落としてはならないと両手でしっかりと受け止めた。

「よーし。いま、おまえそれ触ったな？」

「あ、はい」

先輩の問いに高明栄は答えるしかなかった。

「これで今日からおまえはラグビー部員だ」

「え!?」

突然の勧誘、というより強引な決定にはさすがに高明栄も戸惑った。

「だっておまえそれ触ってんだろ。それは何だよ、言ってみろ」

隣にいるひとつ上の先輩、金徳昌（キム・ドクチャン）が言った。金徳昌も中学時代にはだいぶ〝世話〟になった先輩だった。

「こ、これは、ラグビーボールです」

「だからおまえはラグビー部員なんだよ。文句あんのか？」

がっちりとした体格の金徳昌は、高明栄の肩に腕を回しながら、さらに耳元で言った。

「おまえ、なかなかキャッチがうまいよ」

そう言われ、高明栄は直立のまま何も答えられないでいた。

そこへ追い打ちをかけるように高秀元が言う。

「わかったな。おまえはラグビー部なんだよ。決まりなんだよ」

1歳年長でも年上は年上である。2歳上の先輩はさらに敬うべき年長者である。当たり前のことであるが、その当たり前のことがことに厳格なのが朝鮮人社会のしきたりだった。年長者への口答えは許されるものではなく、たとえそれが理不尽なものでも先輩の言うことには抗えなかった。先輩の言うことには、すべて「イェ（はい）」と答えるのが後輩の務めである。

その頃、高明栄の身長はすでに177センチに達していた。単に体が大きいだけではなく、その体を生かした暴れ者で通っていた。中学時代はひとつ上の金徳昌らとつるんで地元荒川で喧嘩に明け暮れる日々を送った。

放課後になると、高明栄は金徳昌ら先輩に連れられて街に出た。そして、街の不良学生を物色しては言われるのである。

「明栄、あれでいい。あれ行ってこい」

「イェ（ハイ）！」

高明栄は言われるままに、その相手に喧嘩を売りに行く。相手は決まって高校生である。自分たちと同じ中学生ではなく、喧嘩を売るのは年長の高校生というのが流儀だった。たとえ相手が大きな高校生でも、高明栄は向かって行った。そして必死に闘った。なぜなら、負ければ先輩の制裁が待っているからである。

「バカヤロー！　おまえ何ビビってんだ、コラ！」

高明栄にとっては、高校生よりひとつ上の中学生のほうがよっぽど怖かった。日本人高校生相手になら高明栄も殴ることはできるが、先輩の前では殴るどころか口ごたえさえできない。先輩に〝ヤキ〟を入れられないために、高明栄は喧嘩に挑み、必死に闘った。こうしていつしか近隣の高校生相手に負けることもなくなっていた。


毎年、春。新入生が入学してくると、朝高の最寄り駅である十条のホームには、各出身中学別に1年生が列をなして並ぶことになる。放課後、駅を利用する先輩たちを見送るためだ。自分たちの出身校の先輩が前を通るたびに、新入生たちは「アニャシンカ！」と競うように叫ぶ。それはハングルの挨拶の言葉「アンニョンハシムニカ（こんにちは）」が詰まった言葉だが、その大きな叫び声を聞きながら先輩たちは肩で風を切るように歩いた。裏地に派手な刺繍の入った高い詰め襟の学生服、腰の上部までを覆ったダボダボのズボン。それにクシより厚いものは入りそうにないほどペチャンコになった〝チョンバック〟。そんな出で立ちの先輩たちと、それを見送る後輩たち。その風景は、周りの日本人にとっては異様であり、一種の恐怖感を与えた。

しかし、当の朝高生にとっては春の〝風物詩〟であり、たとえ1歳違いでも先輩、後輩の関係は厳しいものであるということを植え付けさせる〝儀式〟でもあった。

また、当時の朝鮮高校の春には独特の雰囲気があった。新学期が始まってからの1ヶ月の間、学校全体が異様な緊張感に包まれるのである。派閥抗争、つまり各出身中学どうしによる喧嘩が頻発するのだ。

ちょうど1年前、金徳昌が新入生として入学してきた頃にも大きな乱闘騒ぎが起きた。出身中学別に小競り合いが起き、やられればやり返すという争いが続いた。その中で人数の少ない学校は自然と淘汰されていくのだが、その年に最後まで争いが続いたのは、金徳昌のいた荒川の〈第1〉と朝高に付属している〈東京中高〉中級部出身のグループだった。

「〈中高〉の〝番〟ってあの生意気なヤツだろ。そろそろ決着を着けたほうがいいな」

金徳昌は〈第1〉の〝番長〟だった。いまでは、ほとんど死語となってしまった言葉だが、〝番長争い〟〝番を張る〟といった言葉が日常的に使われていた時代のことである。

「〈中高〉は何人だ。講堂の裏に呼んでおけよ」

決着の場所は校門を入ってすぐ左手、体育館の裏が選ばれた。

来る時が来た。この時が来なければ、朝高での新たな3年間は始まらないのだ。金徳昌の荒川の一団と、十条を中心にした北区の連中が対峙した。

「中級部の〝番〟は誰だった」

金徳昌の問いに、「オレだよ」とグループのうちのひとりが名乗り出た。

「そうか。でも高級部からはオレになる」

「ふざけろ！」

ふたりで始まった喧嘩はたちまちとっくみあいになった。殴り合いによる喧嘩の勝敗は、最初の数秒で決する場合が多い。喧嘩の実力に差があるか、一方が不意をつかれれば最初の一撃二撃で大方が決まってしまうのである。しかし、互いに力の差がなければ、殴り合いというよりたいがいとっくみあいになる。あっという間に始まった番長どうしのとっくみあいに、周りの連中もいつの間にかとっくみあいを始めていた。

総勢20名ほどの乱闘には野次馬も駆けつけた。年中行事の〝派閥争い〟も、この時はかなりの乱闘騒ぎとなった。いつものこととなれている教師も、さすがにこの大乱闘を見過ごすわけにはいかなかった。

「おまえら、いい加減にしとけよ！」と、騒ぎは収められ、金徳昌たちは一列に並ばされてビンタをくらった上に、その場でしばらく正座をさせられた。

当時は教師による〝暴力〟も珍しいことではなく、暴力的な生徒は暴力で抑えた。必ず校内には恐いことで知られる名物教師がおり、悪さがみつかればこっぴどく殴られたものである。中にはヤクザの弟という教師もおり、凄みの効いた教師も多かった。当時の朝高は生徒も生徒なら教師も教師だった。それでも、どんな教師にも生徒が暴力を振るうようなことは決してなかった。

この騒動で〈第1〉の金徳昌の名は知れ渡った。もともと東京の朝鮮中学の中でももっとも人数の多い〈第1〉には個性的な面々が多かったが、裏を返せば〝問題児〟も多いということだった。それは在日が多く住む荒川という土地柄もあったのかもしれない。

実はラグビー部は、そうした〈第1〉出身の連中が集まってできた運動部だった。

在日朝鮮人――それは在日に限らず本国の人々も含めて――の間で最も人気のあるスポーツはサッカーだ。スポーツのできる生徒はもちろん、成績がよくクラスでも〝デキの良い者〟の多くがサッカー部に所属する。中学校の主なクラブがサッカー部だということもあるが、そこから何らかの理由で〝落ちこぼれた者〟は、高校ではほかの部へと流れることが多い。

そんな中で高秀元、金徳昌ら荒川の〈第1〉の卒業生がラグビー部を創った。だからこそ高明栄は、彼らにとってはスカウトすべき人材だったのである。

しかし、当の高明栄はラグビーにまったく興味がなかった。興味がないどころか何やらかっこの悪いスポーツだと思っていた。時折テレビなどで見るラグビーのイメージは、ダブダブの半ズボンを履いて泥まみれになるだけの、どこかマヌケなスポーツというものだった。

「なんでオレがラグビー部なんだよ」

先輩たちに囲まれ、高明栄は心の中で叫んだ。もちろん叫ぶのは心の中だけである。

高明栄には朝高に入ってやりたいスポーツがあった。ボクシングである。自分の能力を最大限に生かせるのはボクシングに違いない。リングの上なら堂々と相手を殴ることができる。

高明栄は、近所のボクシングジムで見たシャドーボクシングに打ち込む汗まみれの姿にあこがれを持っていた。

オレも早く本物のグローブをつけてみたい。せめてバンテージを巻いてみたい。リングの上で汗を流す姿は、泥だらけで土の上を転げ回るようなスポーツとは比較できないほどかっこよかった。

実際、高明栄はボクシング部に入るはずだった。ちょうど2歳年上の兄の友人がボクシング部のキャプテンだったということもあり、すでに〝逸材〟は紹介されていたのである。

高明栄は意を決して言った。

「ヒョンニム（兄さん）、すみません。僕はボクシング部に内定してるんです」

「なに！　なんでボクシングなんだよ」

「いや、あの、ボクシング部のキャプテンに入れって言われてたんです」

高明栄は言いつくろった。これは先輩に対する反抗ではない。先にボクシング部の先輩に入部を勧められたのだ。決して嘘ではなかった。自分がボクシングをやりたいのも事実だが、先輩が誘ってくれたのも事実だった。はっきりと返事はしていなかったものの、すでに高明栄の気持ちは決まっていたのだ。

「なんだよ、そうだったのか。ボクシング部のキャプテンならオレも知ってるからな」

高秀元のその言葉に高明栄はほっと胸をなで下ろした。助かった。これでラグビー部に入らなくてすむ。

翌日、高明栄はそのボクシング部のキャプテンに呼び出されることになる。

「明栄、秀元から話は聞いたぞ。おまえも最初からオレに言ってくれればいいのに」

そうだった。ボクシング部に入部するとすぐに言えば良かったのだ。だが、先輩の前であまりへたなことは言わないほうがいいと思ってたのだ。だが、いずれにせよこれで晴れてボクシング部に入部できる。高明栄は喜んだ。

しかし、ボクシング部のキャプテンの話はあまりにも意外なものだった。

「おまえがそんなにラグビーが好きだとは知らなかったな。でもそれなら仕方ないな。おまえはラグビー部でガンバレ」

「え？」

「おまえは体も大きいから、ボクシングよりラグビーのほうが向いているかもしれないしな。秀元と一緒にがんばれよ」

高明栄は一瞬返事ができなかった。

ヒョンニム（兄さん）、何を言ってるんですか。違うんです。オレがやりたいのはボクシングなんです。あんなかっこの悪いラグビーじゃなくて、ボクシングなんです。

そう心の中で思いながらも、それをどう口にしたらいいのか言葉にならなかった。

それにここで下手なことを言ったら、後で高秀元先輩や金徳昌先輩に何をされるかわからない。

どうしよう、なんと言おう。そう思っているうちに、ボクシング部のキャプテンは「じゃあ、秀元によろしくな」と言って、さっさと立ち去ってしまった。これで高明栄のラグビー部入部は決定的となった。

高明栄はあきらめざるをえなかった。もはや、先輩たちに楯突くことはできない。よくわからないが、ラグビーというのをやってみるしかない。少なくともサッカーをやるよりはましだろう。高明栄は思った。〝問題児〟高明栄にとっては、最初からサッカー部には興味もなかった。

そう思って始めたラグビー部は、気楽なクラブだった。もともと素人集団である。監督となった教師もラグビー経験者ではなかった。

それ以前に、先輩たちにしてもどうしてもラグビーがやりたくてラグビー部を創部したわけでもない。サッカー以外のスポーツで、特に男らしいもの、それはつまり激しいスポーツを選んだだけである。

練習といっても極めていい加減なもので、自己流でボールをパスしたり蹴ったりといった程度のものだった。「さてと。今日は走るかな」。高秀元はそう言って、ただ学校の周りを軽く走るだけで練習を終わらせる日もあった。

なんといってもグランドのほとんどはエリートクラブのサッカーで占められている。当時のサッカー部の部員は百名を優に越えていたのだ。ラグビーやバレーボールのボールがグランドに入るものなら、すぐに蹴り出され、威嚇されるほどだった。我が物顔にグランドを占拠するサッカー部に対しては、ほかの部は何も言えなかった。それほどサッカーが中心であり、実際、威張れるだけの戦績を常に収めていた。

当時の東京朝鮮高校サッカー部は、並み居る全国レベルのサッカーチームをうち負かしながら、公式戦への参加が認められないゆえ、〝幻の日本一〟と言われていた。今や全国トップレベルの帝京高校はもちろん、全国各地から強豪校が〝胸を借りに〟くるほどだったが、負けることはほとんどなかった。

一方のラグビー部は、最上級生が高秀元を含めわずか4人、金徳昌の代の2年生が8人、そして高明栄ら1年生が5人。名簿上の人数を合わせてもとてもかなわない。

グランドの隅でちょこまか動いているラグビー部は、まったくの無名のクラブだった。在校生の中には「ラグビーって何？」「そんなクラブがあるの？」という者もおり、卒業するまでの3年間、その存在さえ知らない者も多かった。

ただ当の部員どうしは、ボールの奪い合いの時だけは激しい〝練習〟となった。もともとが力自慢の集まりである。一旦ボールの争奪が始まると、みな熱くなった。高明栄もその練習の時だけは目を輝かせて暴れた。オフサイドなどといった反則もよくわからず、ただ自己流に激しく格闘した。しっかりとルールを理解する先輩がいるはずもなく、「バカ、離せ！」とか「そんなの反則だろ」と勝手に言いながら暴れるばかりだった。

そんないい加減なラグビー部の練習だったが、ひと月が過ぎた頃に事態は一変する。その年の秋に開かれる〈中央大会〉に、ラグビー部が参加するということが決まったのだ。それは、ひとつの〝希望〟が生まれたことだった。

2　越境の指導

〈中央大会〉とは、〈在日本朝鮮人中央体育大会〉のことである。当時、日本の大会に一切参加が認められていなかった全国の朝鮮高校の生徒にとっては、この大会が唯一の〝公式戦〟だった。

それはサッカーをはじめとする球技から陸上、柔道など、あらゆる運動部による学校対抗の全国大会なのだが、その大会に、創部間もない朝鮮高校のラグビー部を参加させようと決まったのだ。

とはいえ、もともとがずぶの素人。教えるほうにしても特別なコーチング技術があるわけではない。要は、ひたすら走りまくった。

それは、高明栄にとっては地獄の始まりだった。

「よーし。1時間経ったな。じゃ、あと1時間いくか」

高明栄は、その声を聞きその場に崩れ落ちそうになった。すでに1時間もランパスを続けているのである。それがまだ続くのか。

走りながらパスを続けるラグビーの基礎練習のランパスは、初心者にとって大事な練習だといえるが、あまりに初歩的なため退屈ともいえた。しかも延々と走り続けるのである。

1時間、2時間とランパスを続けるのはさすがの体力自慢にもこたえた。

「ああ、水、水が飲みてぇよー」

「バカ！　練習中に水なんか飲めるか」

高明栄が言えば、すぐさま高秀元に怒鳴られた。朝高に限ったことではなく、当時の日本では練習中に水を飲んではいけないとされていた。現在の運動生理学では運動によって失われた水分をその場で補給するのが常識であるが、当時は運動中に水分を摂らないのが常識だったのである。

当時、なぜ運動中に水分を摂らなかったのか。その起源は、一説には旧日本陸軍から来ているという。

戦争という極限状態になれば、いつどこで水分補給が断たれるかもしれない。仮に水分がなくなっても、最後まで戦わなければならないのが戦争である。そのためには辛く厳しい状態でも水分を摂らない訓練をする必要があった。日本の学校体育が軍隊の流れを汲んでいた表れなのかもしれない。実際、自衛隊の訓練の中には水筒の水を制限しながらの実地訓練もあるという。

そんな中ではいくら水が飲みたいと思っても、先輩の前で決して水を口にすることはできなかった。

延々とランパスが続いた後は、〝振り子〟と呼ばれるこれまた走る練習だった。ボールが広く展開され、左右に次々密集ができたと想定した上で、そのポイントに向かって振り子のように走り続けるのである。

特に体の大きな高明栄は当初からフォワードとされ、〝振り子〟を欠かさずやらされた。要は、練習のほとんどが走ることに費やされるだけだった。そもそもグランドはサッカー部に占拠されているのだ。グランドを広く使った戦術的な練習などできるはずもない。

「なんでこんなに走んだよ。やっぱボクシングのほうがよかったなあ」

高明栄は、ただただ走り続けてはいたが、一体何のために走っているのかはよくわからなかった。いまでこそボクシングにも走り込みが重要なことはわかるが、高1の少年にとっては、ただ走るだけのラグビーはやっぱりかっこの悪いものだった。

1975年秋。東京朝鮮高校闘球部は、初めての〝公式戦〟に挑んだ。高明栄は、レギュラーとして出場した高1の3人のうちのひとりに選ばれた。体の大きさと、最後まで走り続けたことが買われてのことだった。ポジションはロック。

その年の〈中央大会〉ラグビー部門に参加したのは4校。九州、大阪、神戸、東京の各朝鮮高校である。

緒戦、東京は九州に大敗した。九州朝高のラグビー部が活動を始めたのは60年代。4校の中では抜きん出てもっとも歴史のある部である。やはりその実力は一枚上だった。

続く3位決定戦は神戸と当たった。神戸の創部は前年の1974年と、東京とほとんど変わりがなかった。条件はほぼ同じである。

しかし結果は3トライ差で負け、東京の最下位が決まった。優勝は九州、準優勝が大阪。そして神戸、東京の順位だった。

九州に負けたのは仕方ないにしても、神戸に負けたのは悔しかった。自分たちも素人だが、相手も素人ではないか。なのに何故負けたんだ。どこに差があるというのだ。

あれほど走ったのだから、スタミナには自信があった。実際に走り切った。それでも負けた。高明栄は悔しがった。だが、その試合の敗戦を最も悔しがったのは、ひとつ上の金徳昌だった。

「何でオレたちは勝てなかったんだ。何でだ。何でだかわかるか。え、明栄」

勝負ごとには熱くなるタイプの金徳昌にとっては、その敗戦は納得できないものだった。

「……わかんないです」

「バカ、練習が足りねえんだよ。もっとちゃんと練習すれば負けねえんだよ、もっともっと走ってりゃ負けねえんだよ」

金徳昌は同級生と高明栄ら1年生に言った。来年を闘うのは自分たちなのだ。

来年は絶対勝ちたい。高明栄は思った。その思いは、ほかの部員も同じだった。その敗戦がひとつの契機となった。

始めは気楽だったクラブも、実際に大会に出てみるとひとつの目標ができた。それは希望を持ったことでもあった。次は勝って見返してやりたい。


金徳昌は新しいキャプテンとなり、新たなチームの練習が始まった。自己流ながらも毎日走り込みを中心に練習を続けた。

そんなある日、グランドの隅で練習するラグビー部の前に突然ひとりの男性が現れた。

「こんにちは。ラグビー部のキャプテンは誰？」

「はい……。僕ですが」

相手は日本人だった。朝鮮高校に日本人が来るのは珍しい。しかもその男はどこから来たのか、いつのまにかグランドにやって来た感じだった。

「僕は飯倉という者だけど、君たちの練習を見せてもらったよ」

若く、大学生のようにも見える飯倉が言った。だが、金徳昌にはその意味がわからなかった。別に練習を見て欲しいと頼んだ覚えもないし、新しいコーチが来るという話も聞いていない。第一、コーチが来るとしても朝鮮高校や朝鮮大学の関係者で日本人であるはずがない。

答えに窮する金徳昌を前に、飯倉と名乗る男は言った。

「ほら、あそこ。あそこの窓からずっと見てたんだよ」

飯倉の指差すほうには、大きな体育館があった。それは朝高のものではなく、隣接する東京家政大学のものだった。隔てるのは金網一枚。まさにグランドの真隣で、確かにそのベランダからは朝高のグランドが一望できるはずだった。

「そこに金網があるだろ。あそこに穴が開いているからそこから入ってきたんだけど、ちょっとまずかったかな」

悪びれずにそう言う飯倉の前で、金徳昌はさらに言葉を失った。

東京家政大学の教師だという飯倉猛は、自分もラグビー経験者なので朝高生の練習を何度となく眺めていたのだが、そのあまりの〝下手さ〟にいてもたってもいられなくなったのだということ。そこで、できればラグビー部のコーチを買って出たいというのだ。

「まあ、おせっかいだというのは百も承知だけどね。でもどうせラグビーをやるならもっとうまくなって楽しんで欲しいんだよ」

あまりの突然の話に、さすがの金徳昌も驚いたが、取りあえずは先生を紹介することにした。

朝高側としてもしっかりとしたコーチがいなかったため、飯倉は臨時コーチとして受け入れられることになった。

以来、午後の決まった時間になると飯倉は例の金網をくぐってグランドへやって来た。敷地は隣接する学校とはいえ、互いの正門は反対側にあるため、まともに歩けばかなりの距離となるからだ。その後しばらくして金網は閉じられてしまうのだが、それでも飯倉は50ＣＣのオートバイで正門前の一方通行の道を迂回してせっせと通うことになる。

しかし、当初部員たちはこの〝越境の〟コーチを不審に思っていた。頼みもしないのに勝手に押し掛けてきてラグビーを教えるのだという。しかも、相手は日本人だ。小学校からずっと朝鮮学校に通う生徒にとっては、日本人の大人と面と向かって付き合う機会があまりない。もちろん日本の社会に生きているのだから周りには多くの日本人が暮らすのだが、学校が中心の学生生活では、日常的には周りのほとんどが同胞である。

特にこの頃は、朝鮮半島で生まれ育った在日1世たちも多く、朝鮮人と日本人の間にはいま以上の隔たりがあった。そのため、日本の社会の中には差別意識や偏見があり、その分在日朝鮮人側にも日本人に対しては明らかな偏見やある種の構える部分があった。

いまでこそ朝鮮学校に通いながら日本の大学進学を目指し、塾に通ったり習い事をする生徒も増えたが、当時の朝鮮学校の生徒にとって日本人は一種別世界の人間だったのである。つまり他人を見る上では常に、同胞であるか、日本人であるかという視点に立っていた。

そんな中では、勝手にやってきた日本人の飯倉は必ずしも歓迎されるべき人間ではなかった。

「ヒョンニム（兄さん）、何なんですかね、あいつは。〝チョッパリ〟でしょ。あんなヤツの言うこといちいち聞くのって、なんかかったるくないっすか」

2年生になっていた高明栄は、キャプテンの金徳昌に言った。〝チョッパリ〟とは、日本人のことを蔑んでいう言葉で〝豚の足〟という意味である。足袋を履く日本人の足が、豚の足のように2つに分かれているからだ。

「まあ〝チョッパリ〟でもよ、せっかく教えてくれるっていうんだから、とりあえず聞いてみようぜ。オレたちが知らないことを知ってるんだろうから」

金徳昌の言う通り、飯倉のラグビーに対する知識は相当なものだった。飯倉は、もともと大東大一高でラグビーをはじめ、その後大東大でも活躍。卒業後に東京家政大の教師となった。当時は「オール東京」のメンバーにも選ばれるほどの選手だったが、赴任先の東京家政大は女子大のためラグビー部はなく、身体をもてあましていたのだ。その頃まだ24歳。現役真っ最中の年齢である。

この〝越境の〟若き指導者のおかげで、金徳昌たちは多くを学ぶことになる。それは〝素人集団〟の朝高ラグビー部員にとって、初めて本格的にラグビーに触れる機会だった。

金徳昌のポジションはスクラム最前線のプロップだった。

「プロップはな、英語で言う〝支柱〟だ。スクラムを支えるいちばん大事なポジションだぞ。でも単に力があればいいというものじゃない。力と同じくらいに重要なのが技だ」

同じ体重でもちょっとしたテクニックで差がつくのがスクラムの押し合いである。最初の姿勢から勝負は始まり、組んだ直後の首の取り方で大勢は決まる。その時点で負ければいくら大きな人間ががむしゃらに押しても勝てるものではない。

「プロップがちゃんと組めれば後は8人全員で押すタイミングだ。ひとりひとり勝手に押すんじゃなくて、力を瞬間的にひとつにする。そのリーダーは、スクラム最前線の真ん中、フッカーだ」

フッカーとは英語のフック、引っかける人だということも教えてくれた。スクラムでボールを足で引っかけて取るポジションである。

「ロックは〝岩〟のように大きくて強い男がなるんですよね」

当初の反感はどこへやら、いつのまにか飯倉に魅了されていた高明栄が得意げに言った。フォワードの中心でいちばんの大男がなる、自分のポジションのことだった。

「違う、違う。それはRだ。岩がROCK。ラグビーのロックはL。LOCK。つまりカギだよ。スクラムを後ろからカギで閉めるようにする。スクラムは、ただ押すだけではなく、両ロックが閉めるバインドも大事なんだぞ。しっかりと互いにバインドしてスクラムを固くするんだ」

高明栄は、得意げに言ってしまったことを恥ずかしく思ったが、丁寧に教えてくれる飯倉にはさらに好感を持った。

知らず知らずのうちにラグビーの面白さを知り、ラグビーに対する考え方も変わってきた高明栄は、いつの間にかボクシングのことなど忘れていた。

ラグビーに引き込まれたのは金徳昌も同じだった。金徳昌は屈強な体の割りには器用な部分を持ち合わせていた。飯倉の教えを受けながら、金徳昌自身、まるでスポンジが水を吸い込むように、どんどんと新しいことを吸収していった。

プロップ、ロックに限らずほかのポジションのプレーにしても、経験者が教えるのと自己流では雲泥の差がある。飯倉は一つひとつ丁寧に、しかも論理的な指導を行なった。それはいままでの、ともすれば根性、気合いといった類の精神的なものとはだいぶ違うものだった。

こうした飯倉の指導は、生徒たちを大いに刺激した。一旦ラグビーの面白さを知ると、生徒たちも自ら練習に様々な工夫を加えていった。当然、時とともに実力も確実に上がっていった。

そして迎えた第2回〈中央大会〉。金徳昌がキャプテンで挑んだその年、東京朝鮮高校は前年優勝の九州朝鮮高校を破ることになる。それは1年前の〝素人ラグビー〟を脱却したことを意味していた。

しかし、同様にその1年間で力をつけたのが大阪朝鮮高校だった。その年、決勝で大阪と対戦した東京は、苦杯をなめることとなり準優勝に終わる。

以来、東京と大阪はライバルとして毎年熱戦を繰り返していくことになる。

3 日本一の相手

ようやく形のできあがった朝高ラグビー部だったが、部としてさらに強くなるためにはひとつの大きな障害があった。

それは、試合ができないことである。少しでも試合の経験を積みたいのだが、練習試合をしようにも日本の高校からはことごとく断られてしまう。

「東京朝鮮高校のラグビー部ですが、今度練習試合をして頂けませんか」

そんな問いには、決まって丁重な断りの返事が返ってくる。

「申し訳ありませんが、あいにくスケジュールが詰まってまして」

「そちらは日本の連盟に入っていらっしゃらないということで、残念ながら……」

朝鮮高校がまったくの無名校であること、また日本の正式な高校でないということ。相手側には様々な断る理由があった。が、その中でももっとも大きな理由は、当時の朝鮮高校の持つイメージだった。


1970年代から80年代にかけて、朝鮮高校を形容するいくつかの言葉があった。

曰く〝ワル中のワル〟〝不良の頂点〟〝恐怖の3ペン〟……。

〝3ペン〟とは3つのペン先をかたどった朝鮮学校の校章のことであるが、当時は、日本の学校に通う不良――ツッパリたちの間では、この〝3ペン〟マークは恐怖の対象だった。朝高のある十条や近隣の池袋、赤羽は、不良たちにとっての危険ゾーンだったし、〝ジュウジョウ〟という言葉にさえ恐怖を覚える者もいた。街中にたむろする不良たちも、朝高生の高い詰め襟に光る〝3ペン〟を見たら一目散に逃げ出した。

実は〝3ペン〟の真ん中にはハンマーがかたどられ、労働のために勉学に励むというのが本来の意味だが、勤勉さより不良や恐怖の象徴とされたというのも皮肉な話である。

〝チョンコー〟〝チョンバック〟〝チョーパン〟。そんな言葉が日本の不良少年たちの間で広く認知された時代でもある。

特に一時期、朝鮮高校対国士舘高校、あるいは国士舘大学の生徒が都内で乱闘を起こすことが頻発し、ある種の社会問題に発展した、そんな時代だった——。

ひとつのボールを奪い合いながら、肉体をぶつけ合うラグビーというスポーツは、古来のイギリスのフォークゲーム、つまり〝お祭り〟を発祥としている。強靭な肉体を持った者が、勇気を持って激しく競い合うこの荒っぽい〝お祭り〟では、怪我人はもとより死人が出るのも珍しい話ではなく、そのためしばしば禁止令が出されたほどだという。

もちろん現在のラグビーには〝ノーサイド〟という言葉があり、試合終了後は互いに握手をしながら健闘をたたえ合うのが慣例で、試合中のもめ事を後々まで引きずることはない。

それでも試合中のもめ事は常にあり、ボールのないところで殴り合うこともしばし起こる。そんなラグビーの試合を朝鮮高校が挑んでくる。もし試合中に事件が起きたらどうするのか。ましてや朝鮮高校は日本の体育連盟に加盟していない学校である。問題が起きたら誰が責任を取るのか。

対戦を申し込まれた側が躊躇するのも無理はなかった。

しかし、そんな中であるラグビーの名門校が練習試合を受けてくれることになった。目黒高校（現・目黒学院）である。

目黒高校はラグビーの強豪校の中でも〝超〟がつくほどの学校だった。１９６８年の第47回全国大会に初出場でいきなり準優勝を果たしたのを皮切りに、その後も毎年のように東京代表として花園大会に出場、しかもその当時、１９７７年の時点で、10年連続出場の内優勝4回、準優勝4回というまさに日本最強といえる強豪校だったのである。

本来なら朝高ラグビー部などとても相手にされないはずだが、実はその対戦実現にはちょっとしたきっかけがあった。

「目黒には、オレらの同級がいるらしいんですよ」

ある日、高明栄が金徳昌キャプテンに言った。

「同級？　なに、そいつはチョソンサラム（朝鮮人）か？」

「ええ。〈第7〉出身なんです」

〈第7〉とは品川にある朝鮮中学のことである。もともと〈第7〉に通っていたある在日の生徒が、卒業後に目黒高校へ進学してラグビーを始めた。ロックとして活躍し後に花園優勝メンバーにもなっている。

「〈第7〉出身の同級生に聞いたんですけどね。それで、そいつの兄貴は朝高卒業らしいんですよ」

「え、そうなのか。で、おまえはその兄貴の名前は知ってるか」

「ええ、知ってます」

結局その兄弟を介すことによって、朝高と目黒高校との練習試合の話が進んだ。

数日後、朝高ラグビー部員は試合場へと向かった。向かった先は世田谷区八幡山の明治大学のグランド。明治大学といえば大学ラグビー界の雄であるが、当時の監督、北島忠治の意向もあり、グランドは近隣の高校生にも積極的に解放していた。

初めて訪れる名門大学のグランドである。しかも試合の相手は日本一の目黒高校。さすがに朝高の部員たちは緊張した。

グランドに着くとすでに目黒高校の練習試合は行なわれていた。聞けば相手は久我山＝國學院久我山高校である。さすが全国トップレベルどうしの試合は見応えがあった。体の大きさもさることながら、プレー一つひとつがとても高校生とは思えないようなハイレベルなものだった。

「おい、おい、あれでホントに高校生かよ」

「なんかオレらと違うことやってねえか」

高明栄たちはさすがに口々に驚きを表した。

「バカヤロー。試合前からそんなんでどうすんだよ。おまえら〝チョッパリ〟にナメられんぞ」

金徳昌はキャプテンとして強気で言った。

「まあ、練習試合だ。上手いチームに相手してもらえるんだから、いい勉強になるだろう」

引率してきた飯倉も言った。とはいえ、目の前で見るラグビーのレベルは金徳昌や飯倉の想像をもはるかに越えていた。

それもそのはず、目の前で試合をしているのはとても朝高が相手になるチームではなかった。両チームはその年の全国大会で決勝を闘うことになるチーム――翌1976年の第55回大会での優勝・久我山、準優勝・目黒という組合せ――だったのである。

ちなみにその翌年も両校は花園出場を果たし、同年は目黒が日本一に輝くのだが、いずれにせよ、目の前の試合は文字通り〝日本一〟のカードだった。

しかもどうも様子がおかしい。目の前の練習試合は終わる気配はないし、自分たちはいつまでも無視されているようである。

「飯倉さん、なんかおかしくないですか」

「うーん。なんか歓迎されてないようだな。ちょっと挨拶をしてくるか」

不安になり、先方に挨拶をしに行った飯倉だったが、話をしたとたん、とんだ大恥をかくことになる。実はこの日、朝高の試合など組まれていなかったのだ。試合の話自体が先方の監督にはまったく伝わっていなかったのである。

確かに、いくら生徒の紹介があったとはいえ実力日本一の高校と創部間もない朝高ではレベルが違いすぎる。試合にならないどころか、へたをすれば怪我人が出る恐れさえある。それを何を勘違いしたのか、あるいはどんな手違いがあったのか、朝高ラグビー部は勝手に目黒と闘うつもりでやってきたのだった。しかも場所は明治大学の八幡山グランドである。のん気といえばのん気、無知といえば無知。あるいは〝知らぬが仏〟ともいえる行動だった。

しかし、目黒高校の監督、梅木恒明は言った。

「よし、わかった。せっかくここまで来たんだ。20分2本だけやろうじゃないか」

なんと超有名校がまったくの無名校の相手をしてくれるという。しかし、当時の朝高もある種の有名校だった。

試合前、監督の梅木は朝高生を呼び集めてこう言うことになる。

「試合前に君たちにひとこと言っておく。ラグビー場はラグビーをする場所であって、喧嘩をする場所ではない。君たちの高校は何かと喧嘩で新聞を賑わしているようだが、ラグビーは喧嘩じゃないからな。わかってんだろうな!」

いきなり頭ごなしに言われて、金徳昌は不愉快に思った。しかもその後の言葉が、さらに金徳昌を熱くさせた。

「それでもどうしても喧嘩をしたいっていうなら、その喧嘩はオレが買ってやる。力が余ってるやつがいたら、試合の後にオレのところに来い!」

朝高ラグビー部員はその言葉に燃えた。勝敗はともかくも、気持ちだけは絶対に負けたくないと思った。

「〝チョッパリ〟にナメられてたまるか」

金徳昌は思った。

「ぶっ殺してやる!」

高明栄は心の中で叫んだ。ほかの部員も気持ちは同じだった。

確かにラグビーは喧嘩ではない。だが、激しい肉弾戦となるラグビーは、ある意味でルールのある喧嘩だとも言えた。頭部や首など相手の急所を狙う、構えていない相手を狙うなど、相手に怪我を負わせることを目的とすることや卑怯なことをする以外は、自由に暴れまわることができる。そのルールの中で思い切りぶつかっていくには文句はないはずだ。

ルールは守る。危険なプレーはしない。当然レフリーの裁定にはすべて従う。その中で堂々と〝喧嘩〟をすればいいのだ。喧嘩でいちばん大事なのは、その気持ちだ。逆に言えば、そういう気持ち以外に朝高ラグビー部には勝てる要素はなかった。

部員たちは、強豪校相手にひるむことなく向かって行った。

「チュギラ（殺せ）！　チュギラ!!」

タックルのたびにそんな声があがった。

「イノムチャシッ（このガキ）！」

抜かれるたびに追いすがった。

しかし相手は全国のトップレベルである。創部間もないチームがかなう相手ではない。結果は38対0だった。

パス、キック、ステップ。細かな技術はすべて相手が勝っていた。ただ朝高としてもやすやすと負けるわけにはいかなかった。どんなにボールを展開されようとも、スクラム、モールといった力勝負の闘いにだけは最後までひるまず挑んでいった。

特に金徳昌は、飯倉コーチの熱心な指導のもとで学んだスクラムでは意地を見せた。試合後、スクラムだけは負けなかったと金徳昌は自信を持った。

結果は0点だったが、一度だけ朝高にも大きな得点チャンスがあった。後半、朝高自慢のセンターが相手の裏へと抜け出し、スタンドオフにパスを返した。が、フリーとなったスタンドオフはインゴール目前でノックオンしてしまった。まったくの凡ミスといってよかった。もしトライとなったら一生勲章として残るようなトライだったが、結果は幻となった。

その奮闘ぶりに目黒高校の監督も感じることがあったのか、試合後、20分をもう1本やろうと言い出した。最後の1本も惨敗だったが、それでも強豪校を相手に試合をしたという事実は、朝高生たちにとって貴重な経験となった。

そして試合後、目黒高校の監督は言った。

「マナーは悪いかと心配していたが、君たちもなかなかやるじゃないか。特に基礎体力のある選手が多いから、これからもっと練習したらきっと強くなるぞ。頑張れよ。機会があったらまたやろう」

もちろん、試合後に監督に喧嘩を売る者はいなかった。それどころか、目黒高校との交流は、監督が変わった後も続くことになる。

その日の目黒高校との試合は3本闘って1本も勝てなかったが、朝高が1本勝ったことによって、ある〝暴力事件〟に発展したことがある。

その日の相手は、同じく都内にある本郷高校だった。花園未出場ながら、花園行きを実現させようと力を入れている学校である。本郷高校との試合も当初は2本の予定だった。

全国を目指すとはいえ、目黒に比べれば力は落ちる。朝高は1本目は負けたものの、2本目に勝った。それまで練習していた唯一のサインプレーが決まったのである。活躍したのは、またしても朝高自慢のセンターだった。

「やった、勝ったぞ」「サインプレーが決まった、決まった」と金徳昌らは素直に喜んだ。強豪相手に2本中1本勝てただけでも大はしゃぎである。

しかし、その時〝事件〟が起きた。

「おまえら、こんな負け方して恥ずかしくないのか！」

その敗戦を目の当たりにした本郷高校の監督、大浦一雄は烈火のごとく怒った。そして選手たちを並ばせては、次々にビンタをくらわせていった。グランドにはパチッ、パチッ！

という類を張る音がしばらく響いた。

例え練習試合であれ、花園を目指す学校が歴史のない朝高に負けるなど許されなかった。生徒たちはうなだれたまま監督の怒りの言葉を聞いていた。

「おお、怖えーなぁ、あの監督」

「うちの先生とどっちが怖いっすかね。いい勝負かもしんないっすよ」

高明栄らがそう言っていると、大浦監督はつかつかと朝高生の前にやってきた。

そして言うのである。

「おい、朝高のキャプテンは誰だ」

さすがに金徳昌も緊張した。まさかオレもビンタをくらうのか。そう思いながら恐る恐る一歩前に出た。

「僕です……」

「すまんが、君たちもう1本やってもらえないか。20分1本でいい」

「え!? あ、ハイ……」

結局、3本目はその気迫に押されてか、朝高は大敗した。

彼ら、本郷高校ラグビー部の夢が実現し、花園出場がかなうのはそれからおよそ5年後のことである。

いまでこそ教師が暴力を振るおうものなら、その理由を問う以前に絶対的な悪として断罪されることになるだろう。が、その当時は教師の暴力は必ずしも罪として問われることではなかった。

朝高の教師にも〝暴力教師〟はいたし、朝高の〝ワル〟たちもその教師の前では縮み上がった。殴ることも教育の一環と思われていた時代である。

朝高生たちも暴力教師を〝怖い教師〟とは思っていても、〝悪い教師〟とは思っていなかった。たいがい悪いのは自分たちのほうなのである。殴るほうには訳があるし、殴られるほうにも理由はあったのだ。

こうしていくつかの高校が練習試合の相手をしてくれたが、その数は決して多くはなかった。いつまでたっても朝高ラグビー部にとっての公式戦は年に一度の〈中央大会〉だけ。当面は大阪朝高というライバル校を目標に、練習を重ねるしかなかった。

そういった時代はその後もしばらく続く。それは、現監督の申鉉秀が現役高校生のころも同じだった。

第2章
表舞台

私が東京朝鮮高校に入学したのは1981年。
ラグビーをどうしてもやりたかったというわけではないんですが、
ちょっとした出会いからラグビーを始めることになりました。
思えば、巡り合わせなんですね。

ただ、その当時でさえ、
私たちにとっては花園大会への予選はおろか、
ほかの日本の学校との練習試合さえなかなかできない状況でした。
もちろん花園の試合はテレビでは観てましたけど、
自分たちも出たいとか、目標にしたいとか、
そんな発想自体がありませんでした。それはラグビー部に限らず、
当時の朝高生ならみんな同じだったと思います。

私が教師になったのも、最初からの希望ではなく、
いまの立場にあるのも偶然からなんです。
それでも、いまこうして目標を持てるということは幸せなことです。
そのチャンスを与えてくれた人々、
そして支援してくれているOBたちには本当に感謝しています。
みんなの協力がなければ、
いまの朝高ラグビー部はなかったと思います

1　楕円球との出会い

申鉉秀が初めてラグビーボールに触れたのは、まだ小学校へ入る前、近所の遊び仲間とサッカーをして遊んでいた時のことだった。

「そんな丸いボールよりこっちのほうが面白いぞ。どうせ遊ぶんだったらこっちのボールで遊んでみろ」

子供たちの前に茶色い皮製のラグビーボールが転がされた。コロコロと不規則に転がる楕円のボールは子供たちには滑稽に見え、初めて見るその姿に、中には笑い出す子もいた。

「なに？　これは」

「ラグビーボールだ。ラグビーは男の中の男がやるスポーツだ」

そう言ったのは、父の同僚でもある全源治（チョン・ウォンチ）だった。体の厚みから来る大きさが、当時の子供にとっては異様に見えた。

申鉉秀の父は、東京小平にある朝鮮大学の理系、化学を専門とする教授だった。その同僚である全源治は、１９５７年に東京教育大（現・筑波大）を卒業、九州の朝鮮高校で教鞭を取りながらラグビー部を創部、朝鮮高校で初めてのラグビー部を創った。九州朝高といえば、朝鮮高校による全国大会の〈中央〉の第1回ラグビー部門の優勝校である。全源治は、その後朝鮮大学に異動となり、そこでもラグビー部を創部、監督を務めていた。いわば、在日ラグビー界の父のような存在だった。

「ラグビーはな、サッカーと違って手を使ってもいいんだ。こうやって持ってな、相手をかわしながら走るんだ。走るだけじゃないぞ、目の前に敵がいたらドーンとぶつかってやればいいんだ。捕まらないように逃げるだけじゃなくて、正々堂々とぶつかっていいんだぞ」

朝鮮大学の近くには教職員たちの家族が暮らすアパートがあった。当時申鉉秀一家も全源治もそこに暮らしており、全源治は子供たちに会うとそうやってラグビーを教えてくれた。

しかし、あくまで在日朝鮮人社会の間でラグビーはマイナースポーツである。

申鉉秀も東京立川市にある三多摩第1朝鮮小中級学校（現・西東京第1）ではサッカー部に籍を置いた。というより、サッカー部以外まともな男子の運動部はなかった。

中学時代にはテレビでラグビーの早明戦などを見ていたが、いつのまにか自ら楕円球を触ることはほとんどなくなっていた。

ただ、申鉉秀はサッカーをやりつつも、自分はサッカーには向いていないと思っていた。決してうまいほうではなかったということもあるが、申鉉秀にとって、相手に体を思い切りぶつけられないサッカーは、ある種、ストレスのたまるものだった。

「高校に入ったらほかのスポーツをやろう」

ほかにまともなクラブのない中学は仕方ないが、高校ではもっと激しいスポーツをやりたい。そう思っていた。

申鉉秀は1981年、東京朝鮮高校に進む。しかし、すぐにラグビー部の門を叩いたわけではない。

「ラグビー部は〈第1〉だからな。あとは〈第5〉だよ」

級友にそんなことを言われた。

「やっぱり、〈三多摩〉じゃ無理だろうな」

すでに触れたように、朝高ラグビー部は金徳昌や高明栄ら荒川の〈第1〉出身者が中心だった。その後墨田の〈第5〉が加わったものの、いずれもひと癖もふた癖もあるような〝下町〟の連中が多く、〈三多摩〉という〝田舎〟の出身者は受け入れられない雰囲気があった。もともと高校内では常に出身校別の派閥争いが起きている。他校出身者はいわば門前払いだった。

申鉉秀自身も、どうしてもラグビー部に入りたいと思っていたわけではない。入部はあきらめた。

高校入学からひと月が過ぎた。サッカー部に入るでもなく、ラグビー部に入ることもできず、申鉉秀は格闘技系のクラブに入ろうかと思案していた。一時は野球部の練習に出たこともある。野球部といっても軟式野球である。金田正一、張本勲といった名を出すまでもなく、在日の野球人は多く、在日社会の中では野球は人気スポーツである。しかし、こと朝鮮学校の中では野球は不人気だった。なんといっても人気はサッカーであり、校内では、野球は軽んじられていた。そこには、野球はアメリカ発祥のスポーツだという理由があった。朝鮮半島を舞台とした朝鮮戦争が起きたのは1950年代半ばのこと。在日朝鮮人にとっても、アメリカはあくまで敵国だったのである。

それはともかく、そんな折りに申鉉秀は担任から声をかけられた。

「鉉秀。おまえ、まだクラブが決まってないのか」

「はい」

「おまえ、ラグビーは知ってるか」

「え？　はい。知ってます」

「そうか、知っているか。よし、だったらおまえラグビー部に入れ」

実は申鉉秀の担任はラグビー部の顧問だった。だが、その担任教師に言われて一瞬戸惑った。担任に自分がラグビー部に入りたいなどと相談した覚えはない。なのに、何故自分を誘うのだろう。本当に自分がラグビー部に入れるのだろうか。

実は理由は簡単だった。その頃、ラグビー部の2、3年生がまとめて退部してしまったのだという。

「おまえならすぐレギュラーだぞ。今日からでも練習に出て来い」

特別抜きん出ていたわけではないが、それでも申鉉秀の体は大きいほうだった。そのことを見込まれたのかもしれない。とにかく、減った部員の確保のために申鉉秀も選ばれた。

「まあ、顧問に言われたんだから、〈三多摩〉でも入れるんだろうな」

〝田舎者〟の自分が受け入れられるのか、不安はあったが、申鉉秀とラグビーとのかかわりはそこから始まる。もし、全源治との出会いがなかったら、もし、担任からのそんな声がかからなかったら、その後の申鉉秀とラグビーの関係はなかっただろう。

当時の朝高生にとっての唯一の公式戦は、先に触れた〈中央大会〉である。

ラグビーに限らず、サッカー、ボクシングなどあらゆるスポーツが日本の大会に出場できなかったため、全国の朝鮮学校に通う生徒はこの〈中央大会〉だけが他校との対戦の緊張感を味わえる唯一の公式戦だった。

とはいえ、朝鮮高校は全国合わせても12校、ラグビー部に至っては当時で6校。部員不足によって試合に参加できない学校もあるため、大会参加チームはさらに下回ることも度々である。つまり、朝鮮高校のラグビー部は常に小さな枠の中で争われている特殊な世界だった。

それでも申鉉秀は現役時代、この大会を目標にしてラグビーに打ち込んだ。

実は申鉉秀が入学する前年度、東京朝高はこの〈中央大会〉で初優勝を遂げている。大阪と東京のライバル対決が始まって8年目のうれしい勝利だった。そのため大阪は雪辱に燃えた。しかし、一方の東京は2、3年生の大量離脱もあり部員不足。

申鉉秀も監督に言われた通りすぐにレギュラーになれたものの、〈中央大会〉の結果は98対0の記録的な大敗だった。

それは、申鉉秀にとっては忘れられない一戦となった。ライバルにして最大の目標は大阪朝高。大阪に勝つために申鉉秀は練習を続けた。そして3年時には念願の優勝を果たすことになる。

以来、朝鮮高校、朝鮮大学、そして東京朝高OB主体によるクラブチーム「高麗クラブ」で選手として、そして高校での監督として申鉉秀とラグビーとの関わりは続いている。その間、ラグビーから離れたことは一度もない。一方で、怪我には悩まされた。特にクラブ時代には、その闘志あふれるプレーから二度にわたる鼻の骨折も経験。特に二度目は顔面の真ん中に〝くぼみ〟ができるほどの大怪我だったという。

また、クラブのキャプテン時代の93年。申鉉秀はチームを率いてその年に初めて行なわれた「第1回全国クラブ大会」の準決勝に進出している。その闘った相手とは大阪の代表「千里馬クラブ」、大阪朝高のOBチームだった。

当時、朝鮮高校には公式戦への出場資格はなかったが、クラブとしてなら国籍や出身校を問わず広く門戸が広げられていた。そのため東京、大阪両朝高のOBたちが、クラブとして全国大会出場という夢を持って活動したのだった。当時のクラブチームは全国におよそ1千200。競技人口は4万人と言われていた。その全国ベスト4に名を連ねたのが東京、大阪両朝高のOBチームだったのである。

その〝兄弟対決〟では大阪の「千里馬クラブ」が勝利。後の決勝では破れ、準優勝に甘んじたが、以来「千里馬クラブ」は、全国大会への13会連続出場記録を作った。クラブ大会は、各都道府県大会、地域大会、全国大会という3段階のピラミッド構造となっており、その頂点の全国大会に参加できるのは日本全国のクラブチームの中でも、当時わずか4チームという条件の中での快挙である。


中鉉秀が東京朝鮮高校を卒業、朝鮮大学を経て母校の教師となったは1988年のことだった。

ただし、もともと教員を希望していたわけではない。朝鮮大学で籍を置いたのは経営学部。多くの同窓生がそうであるように、中鉉秀自身、卒業後は何らかの商売にかかわりたいと思っていた。商売にかかわりたいと思ったのは、ほかに道がないからである。

朝鮮大学を卒業したとはいえ、その先の進路は限定されている。組織の専従職員として働くか、数少ない同胞企業に就職するか。あるいは家業なり、親類や知人を頼って商売の道に入るか。

公務員はもとより、日本の一般の企業に就職することなどまず不可能である。最近では一流企業で働く本名の在日朝鮮人が登場してきたが、それでも全体からすればごく少数、まして朝鮮学校を卒業してからの日本の企業への就職は難しい。

結局は日本の社会で生きる上では会社から給料をもらうのではなく、自分の力で収入を得るために、何らかの商売を始めなければならないのである。そのため朝鮮学校に通う生徒は、常に将来の職業に対する不安を抱えているといっていい。そういった現状の中で、これといった就職のあてのない申鉉秀もまた、何らかの商売によって生計を立てようとしていた。

しかし大学4年生の時、母校東京朝鮮高校の教員にならないかとの誘いがきた。高校の商業科に欠員が出たのだという。

正直言って申鉉秀は悩んだ。なぜなら父の姿を思い浮かべたからである。父もまた長い間教員を務め、その後朝鮮大学の教授になった。申鉉秀は父をひとりの父親としては尊敬もしていたが、教員という職業の苦労も知っていたため教員になりたいと思ったことはなかった。それどころか心のどこかには、教員だけにはなりたくないという思いさえあった。そのため、教員の誘いが来て悩んでしまったのである。

ましてやその時点では、ラグビー部の監督という道など思いもよらないことである。あくまで自分はプレーヤーであり、ラグビー部の監督になるなど夢にも思っていなかった。

それでも熱心な誘いは断りきれず、結局は母校に赴任することになる。その決心の陰には毎日ラグビーができるとの思いがあった。ラグビーに一生かかわれるのなら、教員という道も悪くはないか、と。

申鉉秀は決意した。

母校に赴任した1988年は、ちょうどソウルオリンピックの開催された年だった。ソウルオリンピックを契機に、日本でも朝鮮半島に対する認識に微妙な変化が生まれた。例えばソウルは日本人観光客の訪れる街となり、焼き肉は日本人にとってご馳走のひとつになった。その頃から日本の街角にあった〈朝鮮料理〉の看板は〈韓国料理〉に変っていった。そんな時代だった。

それでも朝鮮高校の公式戦への門戸は閉ざされたまま。しばらくは〝小さな枠〟の中でのラグビーが続く。

申鉉秀は、赴任当初はコーチとして、そして3年目の90年から監督としてラグビー部の指導にあたった。限られたチームとの練習試合のほか、公式戦の相手は年に一度の〈中央大会〉での朝鮮高校だけだった。ようやく朝鮮高校の公式戦参加が認められたのは1994年の第74回大会からのことである。

そのきっかけとなったのは、大阪朝鮮高校の女子バレー部だった。

2 公式戦の扉

1990年春。全国高体連（全国高等学校体育連盟）の下部組織、大阪高体連バレーボール専門部は、初めて大阪朝高バレーボール部の春期大会への参加を認めた。

日頃から大阪朝高のバレーボール部監督、呉溶彦（オ・ヨンウォン）と親交のあった近隣の日本の高校の教師たちが、同監督の「朝高生たちを大会に出させたい」という願いを実現させてくれたのである。

大会前、朝高生たちはユニホームを新調することにした。

「日本人の大会に参加するなら、これでは読めんやろ」

「そうやね。新しいの作ろうよ」

それまでハングルで書かれていた〈大阪朝高〉という文字を漢字に改めたのである。

初めて挑んだ大会で、女子バレー部は1次予選を3戦全勝で突破。2次予選への進出が決まった。2次予選は近畿大会への出場権もかかっており、目標はさらに大きくなった。その先には全国大会という夢も拡がる。

同部は、前年の朝高による〈中央大会〉で優勝しており、日本の朝高ではナンバー1の実力を持っていた。その実力が日本ではどれほどの位置にあるのか。関係者にとっても大いに期待のかかるところだった。

しかし2次予選直前、部員たちにとっては信じられない通達が来る。

「2次予選への参加は認めるが、試合に勝っても近畿大会には出場できない」

理由は、そもそも朝鮮高校に大会への参加資格がない。1次予選への参加を認めたこと自体が関係者のミスだったというのだ。しかもそのことに気付くのが遅く、2次予選の対戦スケジュール、各パンフレット等への記載が済んでしまったので、特例として2次予選参加を認めるという。

「何でいまさらそんなこと言うの」

「だったら初めから参加できないほうがましやないの」

「やっぱり差別されてるんやわ」

バレー部の女子生徒たちは、悔しさに涙で頬を濡らした。一度は希望が持てた分、落胆は大きかった。


同じく90年。今度は大阪朝高ボクシング部で〝事件〟が起きた。

大阪朝高ボクシング部は、東京朝高ボクシング部と並んでその実力は全国レベルである。そのため大阪府ボクシング連盟は独自に大阪の大会に限り朝高の参加を認めていた。大会とは〈大阪府民体育大会〉であり、実質的に国体の大阪府予選である。ただし大阪大会で勝っても全国大会へは出場しないという条件付きの参加だった。それでも試合の機会の少ないボクシング部の生徒にとっては、大会への参加は貴重な経験である。

90年夏。同大会で朝高の3人の3年生部員が各階級で優勝した。が、予定通り国体には〝敗者〟が参加することになった。

朝高ボクシング部の監督、梁学哲（リャン・ハクチョル）は、「せっかくの力をそのまま埋もれさせるのも惜しい。少しでも試合を経験させたい」と、3人を〈全日本社会人ボクシング選手権〉の大阪府予選に出場させることにした。この大会への参加資格は、16歳以上でアマチュアボクシング連盟に登録していること。もちろん3人はこの条件を満たしていた。さらに大阪府のアマチュアボクシング連盟も〈大阪朝鮮ボクシングクラブ〉としての参加を認めた。

大阪予選に参加した3人は、いずれも社会人相手に勝利、揃って全国大会へのキップを得た。

だが、またしても直前でその出場権を失うことになる。理由は、彼らが〝学生だから〟というものだった。社会人大会に学生は参加してはならないのだという。

しかし彼ら朝高生は、すでに〝高校生でない〟との理由で高校生の全国大会への道を閉ざされている。一方で高校生でないとされ、一方で高校生とされ、いずれの全国大会からも閉め出された朝鮮高校の生徒たち。

しかも大会への参加を認めないというのは、あくまで各組織の判断なのである。例えば先の大阪府ボクシング連盟が独自の判断をしているほか、スポーツ以外では全国吹奏楽連盟、日本合唱連盟、そしてNHKの〈全国学校音楽コンクール〉などが、すでに朝高に対しその門戸を広げていた。

時代は少しずつ、そして確実に変化していた。

92年の秋、日本弁護士連合会が朝鮮高校の生徒が高体連主催の大会に参加できないのは重大な人権侵害だとして、全国高体連に要望を出すと同時に文部省にも勧告を行なった。

その間、この問題はマスコミでもしばしば話題となり、世論も多くは好意的だった。

そして94年。重い扉が開いた——。

「ついに来たか。花園に行けるのか」

その知らせを新聞のスクープで知った申鉉秀は、思わずひとり口を開いていた。

それは申鉉秀が朝鮮高校に赴任して6年目のこと。ラグビーを始めて12年が過ぎていた。

3　OBたちの再燃

1994年秋。東京朝鮮高校闘球部は、第74回全国高等学校ラグビーフットボール東京都予選に参加した。同大会は2つのブロックに分かれてトーナメントで争われ、各ブロックで優勝した2チームが東京都の代表として全国大会に出場することになる。

東京朝高は、緒戦の相手、三田高校を34対0で下したのを皮切りに、2回戦、3回戦、4回戦と順調に勝ち進んだ。それまでに得た総得点78に対して失点は3点のみ。つまりひとつのペナルティーゴールを許しただけで、トライはまったく奪われなかった。

しかし、準々決勝の相手は國學院久我山高校、花園の常連校である。結果は0対36。やはり全国レベルの高校の実力は違っていた。それでも大会初出場にして準決勝進出という結果は予想以上の快進撃といえた。

その試合後、申鉉秀はひとりの長身の男に声をかけられた。

「監督、うちの高校も知らないうちにずいぶんと強くなったねぇ」

「あ、ヒョンニム（兄さん）。アンニャシンミカ（こんにちは）。いらしてたんですか」

声をかけてきたのはラグビー部のOB、申鉉秀より6歳年長の高明栄だった。

「試合には負けたけど、それでもベスト8なんだからたいしたもんだよ。なんたって相手は久我山だろ。よくやったよ」

それは高明栄の正直な気持ちだった。

およそ20年前、自分が高校入学時にボールをパスされてラグビーを始めた頃から、久我山は雲の上の存在だった。公式戦で闘うことができただけでも夢のような話である。

実際、久我山に勝つのは難しい。その年も久我山は連続4年目の東京代表となっており、以降毎年のように花園出場を果たしている。安定した実力は東京ではアタマひとつ抜きん出ていて、毎年東京の花園の出場権は、常に残りひとつをどこが取るのかという争いだった。

「監督と朝高のことを新聞で見てたんでね。これは応援にいかなくちゃと思って。それにしてもほかに比べて朝高の応援はやっぱり少ないね」

「朝高の場合、それはしょうがないですよ」

高校生の試合でも準決勝、決勝となると父兄やOBたちなど応援する観客も増える。だが、朝高関係者の場合は日曜日に応援に駆けつけるのはなかなか難しい。

申鉉秀は、ほかの高校に練習試合などで出向いた時、羨ましく思うことがある。それは、OBや父兄たちの暖かい歓迎ぶりだ。私立をはじめとしたラグビー強豪校の場合、たいがいがOB会や父母会がしっかりしており、練習試合とはいえ、わざわざ応援にかけつける父兄も多い。そればかりか、時には暖かい食事の用意をしてくれることがある。

父兄たちのラグビーに対する理解や情熱がそうさせるのだろう。しかし、朝高の父兄の場合はまだまだラグビーへの理解は少ない。中には息子の意志で入ったラグビー部にもかかわらず、不満をもらしては、サッカー部に入れさせようという親さえいる。

朝鮮人ならサッカー。それが少し上の世代の固定観念だろう。

だが、日本の学校の父兄に比べ、朝高の父兄にとってそれ以上に問題なのは、日曜日が休みではないという現実である。それは、飲食店や遊技業などいわゆるサービス業に従事する場合が多いからだ。週末の休みを利用して、息子の応援にかけつけるという普通のことが難しいのだ。しかし、それはそれ。羨むことはあっても、朝高の現実は現実として受け入れなければならなかった。

焼肉店などへの朝鮮食材の卸業を営む高明栄も、この日の仕事を調整してやってきた。それはＯＢのひとりとしての気持ちからだった。

「でも正直言って、こんなに強くなってたとはなあ、驚いたよ」

「いや、まだまだです。これからやらなきゃいけないことがたくさんあります。自分もまだまだ勉強不足ですから」

「これからは、オレたちも応援していかなきゃな」

その頃、高明栄は朝高の公式戦参加問題に関する記事をよく目にしていた。ＯＢのひとりとしてはやはり気になる。

そんな中に、ラグビー部監督として申鉉秀の談話を発見した。そこには「これからはＯＢたちと力を合わせて、全国大会を目指して行きたい」と書かれてあった。

全国大会はもちろん、少しでも上のレベルで闘うためには、ＯＢの支援は不可欠である。特に強豪校ほどＯＢや父兄の力添えが大きい。

しかしその頃、東京朝高ラグビー部にはＯＢ会といったものがなかった。その年初めて公式戦に参加した3年生がラグビー部の20期生。それまで多くの卒業生を送り出してはいるものの、ＯＢ主体のチーム「高麗クラブ」があること以外、ＯＢとしてまとまった活動をしてこなかった。

高明栄自身、卒業後はラグビーから離れた生活を送っていた。卒業直後、念願のボクシングを始めたのである。一時はプロを目指すほどに真面目に取り組み、その間一切ラグビーのことは忘れていた。

高明栄が実際にプロになることはなかったが、ボクシングならプロになる、あるいは将来チャンピオンになるという夢を持てる。

しかし、朝高卒業生にとってラグビーは具体的な目標が持てないものだった。ラグビーでさらに上を目指すなら日本の大学へ進学、さらには日本の企業に入らなければならない。当時の朝鮮高校の卒業生がラグビーで進学するとか、ましてやラグビーの強い企業——一流企業に就職するなどあり得なかった。誰ひとりそんな希望さえ持たなかった。

だが、この年から現役朝高生は花園という夢を持つことができた。実際に夢を実現させるのは簡単なことではないが、たとえどんなに難しい夢であろうとも、実現の可能性がゼロであった高明栄の時代とはまったく違っていた。かつては、夢を抱くことさえ〝かなわぬ夢〟だったのである。

目の前で、朝高ラグビー部は久我山に負けた。それは惨敗といえるかもしれない。しかし、その惨敗は明日への糧になる。久我山を目標にし、明日から練習に励むことができるのである。

「監督、これからは大きな目標ができたね。でも何年かかるかね、花園に行くまで」

「簡単なことではないですから、じっくりとラグビー部を育てていかないと」

「まあ、オレが生きてるうちには行ってくれよな」

高明栄は、目標に向かって闘った高校生たちを見て羨ましいと思った。そして支援したいと思った。いや支援しなければならないと思った。

何年かかるかわからない。いや何年かかってもいい。高校生たちが花園の芝に立つまで、OBたちが協力しなければならないはずである。そのためにはまず草創期を作った自分たちが動くべきだ。

「とにかく自分たちOBも応援するから、がんばってな」

「そうしてもらうと助かります。これからよろしくお願いします」

申鉉秀にとっても、それは大きな一歩だった。

高明栄は、早速、同期でキャプテンだった洪昌宏（ホン・チャンガン）に電話を入れた。

「学生たちもがんばってんだよ。とにかくオレらが何かしてあげないと、ヤツらも可哀想だよ。これからはカネもいろいろかかるだろうし」

「カネを集めるにしても、まずはOB会を正式に立ち上げたほうがいいだろうな」

洪昌宏は高明栄のはやる気持ちをおさえながら言った。

「そのためには、やっぱり1期のヒョンニム（兄さん）たちの話を聞かないとな」

「そりゃそうだな。でもオレらが勝手に1期のヒョンニム（兄さん）に話はできないだろう」

「おまえ、徳昌さんに頼んでみたらどうだ。いまも会ってんだろ」

徳昌とは、高明栄と親しかったひとつ上の代のキャプテン、金徳昌である。

「そうだな。徳昌ヒョンニム（兄さん）に相談してみるか」

高明栄と金徳昌の〝くされ縁〟は続いていた。ただ、金徳昌もまたラグビーからは縁遠い生活をしていたため、ふたりが会ってもラグビーの話をすることはほとんどなかった。

金徳昌は、ラグビーには3年間で燃え尽きてしまったのか、その後できたOBクラブ「高麗クラブ」に参加することもなかった。

もともと「高麗クラブ」に参加できる人も限られる。ラグビーの試合はほとんどが土日の週末に行なわれるからだ。金徳昌も毎日家業の焼き肉屋の仕事に追われていた。

高明栄はそんな金徳昌に会うなり、生徒たちの奮闘ぶりを語った。

「ヒョンニム（兄さん）。あいつらベスト8まで行ったんですよ。久我山と試合をしたんですよ」

「そうなのか。がんばれば、本当に東京朝高も花園に行けるのか」

金徳昌自身、初めて聞く朝高の活躍ぶりには驚かされた。

「行けるんですよ。夢じゃないんですよ。今年から、日本の学校と対等に試合ができるんですよ」

高明栄は、それまでの新聞記事などを持ち出しながら、熱く語りかけた。

金徳昌は、当初後輩の話を聞きながらも実感がわかないでいた。自分たちの頃は、花園はまったく別世界のものだったからだ。

苦労しながら日本の高校との練習試合を実現させたのも、単にラグビーの試合がしたいということであって、決してそのチームと同じ目標に向かって進もうということではなかった。

同じ日本に住みながら、同じラグビーというスポーツで汗を流しながら、自分たちは彼らと違う世界にいるということを当たり前のように受け入れていた。

だが、これからの朝高生は同じ目標を持って日本の高校生と一緒にラグビーができるのだという。同じ夢が持てるのだという。

それを思うと金徳昌にも夢が拡がっていた。金徳昌は話を聞くうちに、すべてをラグビーに捧げていた自分の高校時代を思い出していた。

「よし、わかった。力になろう。それで、どうにか朝高を花園に行かせよう。オレたちの分までな。朝高生が花園に立ったら、オレたちが花園に立ったのと同じことだろ」

「そうですよ。みんなで応援に行きましょうよ。何年先になるかわからないけど、みんなで行きましょうよ。花園行ったら、大阪の鶴橋で焼き肉食って飲んで騒ぎましょうよ」

「そうか、それいいな。でもなんだよ、花園って鶴橋の近所だったのかよ？」

「え、ヒョンニム（兄さん）、花園の場所も知らないんですか？」

「バカ、知らねえよ、だって関係ねえもん。じゃ、おまえ知ってたのかよ」

「いや、自分もまあ、最近知ったんですけどね」

ふたりにとっては、それほど花園は縁遠い存在だった。

4　待望の後援会

もともとキャプテンとしても優れていた金徳昌である。その実行力をすぐに発揮した。さっそく第1期の高秀元に連絡を取り、1期生から3期生までの主だった4人が集まった。

高秀元に異論はなかった。自分ができることは支援するという。

「まあ、いくらかのカネなら出すよ」

高秀元もラグビーからは遠ざかっていた。そのため、細かいことはすべて任せるという。金は出すが口は出さない。立場ははっきりしていた。高秀元は関東地方でパチンコ店を経営していた。

1期生の了承も得た上で、その後も月に一度ずつ会いながら金徳昌や高明栄らはOB会結成のための作業を進めていった。メンバーは2期の金徳昌や3期の洪昌宏ら草創期の主だったキャプテンたちである。

年も明けて95年。ある月の会合に、金徳昌が何やら資料を抱えてやってきた。

「明栄、いいのが手に入ったぞ。おまえ、これを参考にしてOB会の会則作れ」

「何ですか、それは」

「久我山のOB会の資料だよ」

さすがに名門校である。久我山のOB会にはしっかりとした会則があった。

「いくらライバルといったって、見習うところは見習わなくちゃな。盗めるところは盗めばいいんだ」

「盗むんですか」

「バカ、これは別に盗んだんじゃねえよ。もらったもんだからな」

高明栄がその資料を元に朝鮮高校ラグビー部OB会の草案を作ることになった。その翌月の会合までにまとめなければならない。とはいえ、高明栄もそうした作業は決して得意ではなかった。

高明栄の高1の時の成績は〈落第〉だった。〈最優等〉〈優等〉〈普通〉に次ぐ最低評価である。〈落第〉とはいえ補習その他によって留年することは稀だが、成績は中学のときからずっと悪かった。

高2の時、高明栄の成績はちょっと上がって〈普通〉になった。

オレだってやればできるのか。

そう思ったら、一度くらいは母親を喜ばせたいと3年生の時にはいちばん前の席に座った。成績がまた上がった。生涯〈最優等〉には縁がなかったが、卒業時〈優等〉の賞状が貰えた。賞状が貰えるのは、〈最優等〉と〈優等〉だけである。

「あんたもね、やればできんのよ。だから言ったでしょ。バカだねぇ」

母親はその1枚を見て泣いた。

自分でもやればできるということを教えてくれたのはラグビーだった。もし自分がラグビーに出会ってなかったら、どんな人生を歩んでいたのだろうと思うことがある。

同級生の中には、道をはずれた者もいる。その〝道〟で成功した者もいるにはいるのだが、はたして自分はどうなっていたのだろう――。

草案はなかなかできなかった。いくらあれこれ頭を悩ませても、時間ばかりが過ぎてしまう。しかし、そんな苦労を知ってか知らずか、金徳昌は何かと催促の電話をよこしてくる。不在の時は必ずポケベルを鳴らした。まだ携帯電話が普及していない頃のことだ。

「おい、どうだ。いいのができたか」

「まだですよ。だいたい、オレ、こういうの苦手なんですから。ほかのヤツにやらせましょうよ」

「バカ言うな。おまえが言い出しっぺだろう。それにほかのヤツだって、そんなのが得意なのはいねえよ。誰がやったって同じなんだから、おまえがやれよ」

先輩にそう言われると、高明栄も必死に草案作りに取り組むしかなかった。

高明栄はどうにか翌月の会合に間に合わせて草案を作った。が、それはあくまで草案である。その会合ではさらに意見が重ねられれば、新たなものを作らねばならない。

そして、そのたびに金徳昌は電話をよこすのだった。

「どうだ。もうできたか」

「いや、待って下さいよ。そう簡単にはできないですよ」

「何言ってんだ。元があんだから簡単だろ」

「ヒョンニム（兄さん）、そうは言ってもですね……」

ふたりはともに荒川の三河島に住んでいたということもあり、会って酒を飲むことも多かった。元長身のロックと、スクラムを支えたプロップのコンビである。ふたりとも酒は強かった。

いったん酒を飲み始めるとなかなか止まらなくなり、あれこれと話がつきなくなる。かつてのラグビー部時代の想い出話、これからのラグビー部の未来。何としてもＯＢ会を立ち上げ、現役朝高生の力になってあげたい。そして１日も早く花園へ行きたい。

「なんかいま、オレ、人生に希望ができてうれしいな」

「ヒョンニム（兄さん）は、現役の頃のように燃えてますね」

「そうだよな。あの頃はラグビーばっかりだったからな。でもあの頃花園の夢があったら、もっと燃えてただろうな」

「そうですね」

「もしオレに息子がいたらな。絶対に花園に行かせるんだけどなぁ」

金徳昌には息子がいなかった。娘が3人。子煩悩でもあった金徳昌はいずれも分け隔てなく可愛いがったが、もし息子がひとりでもいれば、また新たな夢が拡がっただろうと思った。

ふたりの苦労——特に高明栄の苦労が実ってようやく会則もまとまり、5月には都内のホテルで会の結成式が行なわれた。

ただし、会は〈OB会〉ではなくあくまで〈後援会〉ということにした。なぜなら東京には東京朝鮮高校以外の朝高OBも多く住む。〈OB会〉として東京のOBに限定してしまえば、そういったほかの朝高OBを排除してしまうことになる。東京という単独校だけでなく、全国どこの朝高OBでも支援できるようにした。

初代会長には第1期生の高秀元、幹事長には金徳昌、そして高明栄は総務部長の職についた。

会費は1口千円とし、年間3口以上。ただしOB全員に強要するわけではない。会長任期は2年。最長2期で4年以上は務められない。そうしたいくつかの会則を作り、ようやく結成にいたったのである。

それは、高明栄が東京朝高と久我山の初めての公式戦を目にしてからおよそ半年後のことだった。

その半年間は、高明栄、金徳昌にとって実に充実した日々だった。

結成式の数日後、金徳昌や高明栄、そして3期のキャプテン洪昌宏ら主だったメンバーが集まって結成式の報告会を兼ね慰労会を開いた。場所は上野の焼き肉屋だった。半年という時間がかかったが、どうにか結成までこぎつけたのである。役員たちの喜びもひとしおだった。あとは出来る限りのサポートをして、高校生たちに少しでも早く花園に行ってもらいたい。そう思うOBたちは、自然と酒もすすんだ。

2次会、3次会と酒の場はかわり、気が付けば金徳昌と高明栄のふたりになっていた。時間もとうに深夜になっていたが、もう一杯だけ飲もうと地元三河島の馴染みの店に入った。

「これで、ひとつ壁は乗り越えましたね、ヒョンニム（兄さん）」

「そうだな。でもたいへんなのはこれからだぞ。それにオレたちが主役じゃないからな」

「なんてったって試合をするのは学生たちですからね」

「でもな、オレは絶対学生たちを花園に行かせたいんだよ。それがいまのオレの夢なんだよな。生きる希望なんだよ」

ふたりはもう相当に酒を飲んでいる。金徳昌は〝希望〟という言葉をその日何遍も繰り返していた。自分に息子がいない分、とにかく朝高生に花園に行って欲しかった。

そして別れ際。金徳昌は高明栄に言った。

「明栄！　後援会はできたんだからよー、もうオレんとこにしつこく電話してくんなよ」

「何言ってんスか。ヒョンニム（兄さん）こそ、もういちいちポケベル鳴らさないで下さいよ」

「バカヤロー、おまえのところになんか誰が電話するかよ。もうおまえになんか用はねえよ、じゃあな」

あいかわらずの先輩のキツイ言葉を聞きながら、どうせ飲みたくなったらまた電話をしてくるに違いないと高明栄は思った。

でも、しばらくは飲まなくていい。それほどその日はたくさん飲んでいた。

翌日。高明栄は二日酔いに悩まされた。痛い頭を抱えながら、近隣のお店に肉やキムチ、朝鮮乾物などを配達して回った。さすがの高明栄にもその日の仕事はこたえた。

車の運転中にポケットベルが鳴った。

「まさか徳昌ヒョンニム（兄さん）じゃねえだろうな」

見ると、相手は同期の洪昌宏だった。少なくとも相手が金徳昌でないことにほっとした。昌宏も昨日一緒にいた相手だ。急用でもないだろうとほうっておいた。しかし、間をおかずに何度も鳴る。

「うるせーな」

仕方なしに、高明栄は公衆電話を見つけて電話をした。

「オレだけど、どうしたんだよ。こっちは昨日遅くまで飲んでたから頭が痛えんだよ」

「昨日、最後は誰と飲んでた」

「いつものように徳昌ヒョンニム（兄さん）だよ」

「やっぱりな。それで何時まで飲んでた」

「そうだなー、2時過ぎくらいかな」

高明栄もはっきりとは覚えていないが、最後は自分の家の近所の店で、閉店過ぎまで飲んでいたはずだ。

「そうか。その後は真っ直ぐ帰ったんだな」

「ああ、帰ったよ」

「明栄、冷静になってちょっと聞いてもらいたいんだけどな」

「なんだよ、どうしたの」

「亡くなったんだよ」

「え、誰が」

「徳昌ヒョンニム（兄さん）が」

「おまえな、昼間っからそんなこと言うなよ」

「冗談じゃないよ」

「だって、オレ、昨日の夜遅くまで一緒だったんだよ。やめてくれよ」

「だから冷静に聞いてくれよ。な、明栄。頼むよ、なあ」

「いや、オレは冷静だけどさ」

そう言いながら、高明栄は自分から冷静さが失われていくのがわかった。息が詰まった。

「さっき徳昌さんの弟から電話があってな。午前中に亡くなったそうだ。亡くなったのは徳昌ヒョンニム（兄さん）だ。わかるか」

「嘘だろ……」

頭の中が真っ白になった。一瞬時間が止まったように感じられた。そんな経験は生まれて始めてのことだった。

「明栄、いまどこにいるんだ。もしもし、おい、大丈夫か」

答えられない。言葉がでない。

嘘だろう。何かの間違いだろう。やっぱり冗談なんだろう、なぁ……。

そう言おうとしても何も喋れない。頭の中で思ってみても、逆に鼓動が高鳴るばかりだった。

「明栄、とにかくな、すぐ徳昌さんの家に行ってくれ。明栄、いいな、落ち着いてくれよ、大丈夫だな」

「大丈夫だ。わかったよ」

そう言って電話を切ったとたん、明栄の目からは堰を切ったように涙が一気にあふれ出た。急いで車に戻っては、ひとりハンドルにもたれ嗚咽した。しばらくはそのまま車を動かすことができなかった。

高明栄は、その後どうやって金徳昌の家に向かったかもまったく覚えていない――。

金徳昌の死因は心筋梗塞だった。酔ってひとりで家に帰り、寝床についたのだが、朝になったら心臓が止まっていたという。家族が気が付いた時にはもう手遅れだった。

金徳昌の享年は36歳だった。働き盛りで家族思い。家には妻と3人の娘が残された。可愛い盛りの娘たちを思ってか、少し太りすぎの体を気にしていた。健康に気を使い、漢方薬も常用し始めていたという。

それでも金徳昌はこの世を去った。

冗談でもなんでもなく、それが高明栄に突きつけられた現実だった。それが金徳昌の運命といえば運命だろう。

それでも高明栄は思う。

あの日、夜まで一緒だった徳昌ヒョンニム（兄さん）は本当に死んでしまったのか。もう一緒に酒を飲むことはできないのか、ラグビーについて語ることもできないのか。二度と徳昌ヒョンニム（兄さん）から電話がかかってくることはないのか。

あれほど生き生きと夢を語っていたというのに、希望に燃えていたというのに、あれほど花園行きを楽しみにしていたというのに。徳昌ヒョンニム（兄さん）は、後輩たちが花園に立つ姿を見ることはできないのか。自分の夢をその目で確かめることはもうできないのか……。


金徳昌のお墓は、千葉県の北西部にある。

車で1時間。高明栄は、後援会の総会がある前日には必ずその墓を訪ねる。ラグビー部の大事な試合があった後も、その結果を墓前に報告した。

ヒョンニム（兄さん）――。

あいつらはいま頑張ってます。花園にはまだですけど、一歩一歩近づいてます。必ず近いうちにあいつらは行きますよ。

申監督も頑張ってるし、ＯＢたちも力を合わせて応援してるから大丈夫ですよ。もしヒョンニム（兄さん）が生きていれば、いまごろは会長としてもっともっとハッパをかけてたかもしれませんけどね。でも大丈夫ですよ。みんな夢の実現を信じてやってますから。希望をかなえようと頑張ってますから。

ヒョンニム（兄さん）と一緒に花園に行けないのは残念ですけど、出場が決まった時はあの世から応援して下さい。お願いしますよ。必ずですよ――。

高明栄は思う。もし徳昌先輩が生きていれば、新しい会長は自分ではなく間違いなく先輩だったと。もし先輩が会長になっていたら、後援会ももっと違った形になっていたのではないかと。それ以前にもし先輩がいなかったら、この後援会は生まれなかったかもしれない、と。

それでも自分が会長になった以上は、先輩の思いをしっかり引き継いでいこうと思う。

そしてまた、先輩――ヒョンニム（兄さん）の夢が実現したことを、１日も早く墓前に報告したいと思う。

高明栄は、自分が３代目の後援会長に選ばれた時もひとりお墓を訪ね、新しい役員名簿の入った封筒を墓前にそっと供えた。

第3章

悪条件

いざ花園という目標ができたとたん、
やることがあまりに増えてたいへんでした。
単にグランドでラグビーだけをやっていればいいというわけではないし、
実際にトップレベルのチームにするのは簡単ではない
ということを痛感しましたね。強くなるためには、
新たに取り組まなければならないことも山のようにあり、
それまでの〈中央大会〉での優勝
という目標と比べれば、
明らかに次元の違うものでした。

それでも朝鮮高校の生徒も
日本の高校生と同じ目標を持ち、
一緒に闘えるというのはとても良いことです。
高校生が目標を持って3年間を過ごすのと、
目標なく3年間を過ごすのでは、
後の人生に大きな違いが生まれるでしょう。
人生に希望を持てるということは、
生徒たちにとっても本当に大事なことです。

ただ、生徒たちにその目標を
自覚させるにはいろいろ苦労を
させられたのですが……

1　人材不足の宿命

公式戦に出てみて、申鉉秀はそれまでになかった多くのことを体験した。決められた試合スケジュール、そのための調整、大会前のルール変更等に関する伝達や公認レフリーによるレフリング、そして数十校が参加する公式戦トーナメントでの緊張感。

それでも、初参加以来、毎年のように東京のベスト8、ベスト4という成績を収め、実力もそれなりに評価された。

しかし、花園への道は遠く険しかった。ある程度は勝ち進んだところで、結局は毎年のように名のある学校の前でその道を閉ざされてしまう。

94年　準々決勝　0対36久我山
95年　準々決勝　15対18目黒
96年　準決勝　20対25東京
97年　準決勝　14対24大東大一
98年　3回戦　14対16明大中野
99年　準々決勝　10対32東京

やはり、強豪校には強豪らしい強さがあった。伝統校には伝統校としてのうまさがあった。申鉉秀は常に上位校の前で辛酸をなめてきた。しょせん朝高に花園は無理なのではないか。申鉉秀はそう思うこともあった。有名私立校とは人材が違うのである。

東京の学校に限らず、日本のラグビーの強豪校にはスポーツ推薦枠のある学校は多い。優れた選手を優遇し入学させ、強化をはかるのである。

もちろん、花園を目指す当の生徒や父兄自らが強豪校を選んで入学する場合もある。地元や親元を離れ、越境入学をしてまで強豪校に通う生徒も決して珍しくはない。

しかし、朝鮮高校にはそういった枠があるわけでもなく、そもそも朝鮮高校に入ってくる人材は限られる。当然のことだが朝鮮高校には日本人は入学してこない。

国籍の上では、現在「朝鮮籍」がおよそ7割、残りが韓国籍と一部の日本籍である。日本国籍の生徒とは、一方の親が日本人であったり、何らかの理由で日本国籍を取得しながらも、民族教育を受けさせたいと希望する人の子弟だ。

ちなみに朝鮮籍＝北朝鮮籍ではない。「朝鮮籍」とは「国籍」ではなく、厳密に言えば「朝鮮籍」の彼らは「無国籍」である。それは、戦前、戦後の朝鮮半島と日本の間の日朝関係の歪みの結果なのだが、いずれにせよ現在「朝鮮籍」の彼らはみな「特別永住者」としての日本への永住権を持っている。

現在、日本で韓国・朝鮮籍を持つ者はおよそ60万人。日本の人口比にして約０・５パーセント、２００人に1人である。

０・５パーセントとは、どれくらいの数字だろうか。例えば、日本にはおよそ30万種あるという苗字の中で、全人口の中の０・５パーセント前後を占める苗字といえば「松本」「井上」「木村」「林」といったあたりである。こういった苗字の知人や友人なら誰の回りにも必ずいるだろう。０・５パーセントといえば意外と多いのである。

ただし、現在日本で朝鮮学校に通う生徒は全国でも2万人以下で、高校生に限れば3千500人ほどである。比率でいえば、韓国・朝鮮籍を持つ児童の2パーセント以下、50人に1人もいない。実際には、韓国・朝鮮籍を問わず在日の子弟で日本の学校に通う生徒のほうが圧倒的に多く、その中にはラグビーで活躍する生徒もいる。

日本の高校に通う生徒全員と比較するなら、朝鮮高校の生徒は0・1パーセント以下、千人に1人もいないのだ。

現在、東京朝鮮高校の生徒は、男女合わせて千人以下、高校としては中規模の高校である。日本の中でもごく限られた人間しか入学できない学校――例えて言えば「松本」姓しか入学できない学校――で、花園を目指すほかの日本の強豪校を相手に闘うには、どうしてもハンディを負わざるをえない。

中でも申鉉秀がいつも痛感するのは体の大きさ、サイズの差である。

例えば、ある年の東京でのトップチームのフォワードの平均体重の記録がある。

久我山91・2、東京86・0、東京朝高80・5キロ。

もし久我山と朝高が8人でスクラムを組んだ場合、優に人間ひとり分の体重差がある。

しかも、実は朝鮮高校の体重は〝サバ読んで〟の数値である。ラグビーの場合、軽すぎる体重は不利となるので、体重の少ない者はおおむね過大申告する。

バックスプレーヤーなら、サイズをスピードで克服することも可能だが、どうしてもフォワードのサイズの差は大きなハンディとなった。

そのために申鉉秀が積極的に取り入れたのがウェイトトレーニングだった。体の大きさは先天的であることが多いが、ある程度はトレーニングや栄養管理で改造することもできる。

ラグビー部の部室の隣は、サッカー部と兼用のトレーニングルームである。

申鉉秀は、週に3回のウェイトトレーニングの時間を設けた。ウェイトトレーニングはただがむしゃらに重いものを持ち上げればいいわけではない。申鉉秀自身、かつては先輩たちから「腹筋５００回！」「腕立て１００回！」と言われがむしゃらにその数をこなしてきた。しかし筋肉を強化するには〝休養〟が必要なのである。筋肉は重い物を持つことによっていったんは〝壊れる〟。筋肉繊維の一部が切れるのである。その際、人は筋肉痛を感じるのだが、その間に壊れた筋肉繊維が回復をはかろうとしてさらに強化される。その繰り返しによって筋肉は肥大化し、強い筋肉が生まれるのである。

人間にはおよそ４００の筋肉があるが、そのどの部分をどれくらい強化するのか。そのためにウェイトトレーニングのメニュー作りが重要となってくる。

申鉉秀はポジションごと、さらには必要に応じて個人別にメニューを組んだ。フォワードは上半身を主に、バックスは下半身を鍛えた。

その成果がもっとも現れたのが、２０００年度のチームだった。特に、その年のキャプテンとなる李永旼（リ・ヨンミン）は、熱心にウェイトトレーニングに励んだ。日頃はどちらかというと明るく剽軽なタイプなのだが、ことトレーニングとなると部内一の生真面目さを見せた。

実は、李永旼は1年生の途中でサッカー部のゴールキーパーから転部してきた。〝素人〟

の上途中入部のため、当初李永旼は不規則に転がるラグビーボールをうまく扱えないでいた。キーパーだけに身長は高く、フォワードのロックをやらせてみたが、その時点ではキャプテンどころかレギュラーになれるかどうかさえ心配した。

それが上級生の怪我もあり、ロックとして試合で使い続けるうちにめきめきと上達していった。

その李永旼の上達の理由のひとつが、ウェイトトレーニングだった。筋肉は真面目にコツコツとトレーニングを積めば確実に強くなる。逆に言えば、与えられたメニューをいい加減にこなしていたのでは、効果は上がらない。永旼はいつも真面目に筋トレに励んでいた。通常の練習もほとんど休んだことがない。

もともと身長が高かった分、筋肉が強化されながら経験を積み重ねることによっていつのまにか一人前のプレーヤーになっていた。2年生の後半には、プレーヤーとしてばかりか、学年のリーダーとして誰からも信頼されるほどに成長していた。

十代後半といえば体も心も大きく変化する年頃である。それゆえ申鉉秀は監督としてまた教師として、これまでも環境や条件によって人間が大きく成長する姿を幾度となく見てきた。永旼はその典型的な生徒だった。

その成果が現れるのは、永旼がキャプテンとなる年だが、それはまだ少し先のことになる。

2 大型バスの旅

申鉉秀は、生徒たちに少しでも多くの経験を積ませようと大型自動車の免許を取得した。

30歳を前にしてのことである。

きっかけは、ある新聞のコラム記事を読んだことだった。そこには、地方のサッカー名門校の監督のエピソードが紹介されていた。監督自らがバスの運転をして練習試合の相手を求めて各地を巡ったという話である。

これなら自分にもできるかもしれないと申鉉秀は思った。免許さえあれば、自分で運転してどこへでも行けるではないか。言われてみれば簡単なことだったが、そんな簡単なことでもその時まで浮かびもしなかった。

幸い学校にはサッカー部OBが寄贈してくれたマイクロバスが1台あった。もちろん使用の優先権はサッカー部にあるが、頼めば貸してもらうことができた。

ただし免許取得にかかった費用はすべて自費である。学校が何らかの理解を示してくれるどころか、当時はまだラグビー部のOB会や後援会は存在していなかった。

申鉉秀はその後、年末になるとバスを運転して生徒とともに〝0泊3日〟の旅に出た。

12月29日。学校での練習を終え、深夜に生徒たちを乗せて東京を出発する。目指すは一路大阪、花園ラグビー場。

30日の早朝、一行は大阪入り。バスの中で仮眠を取って花園大会の2回戦を観戦する。2回戦は朝の9時頃から午後の4時過ぎまで、最大5試合観戦できる。組合せ表を事前に確認してはは気になる試合を選ぶのだが、試合会場は3カ所に分かれているので、目的の試合に合わせて会場を移動することになる。生徒にも見たい試合を自由に選ばせたが、結局はだいたい同じ試合を観戦することが多かった。

中鉉秀は、生徒たちに少しでも本物を見せたかった。花園は実現不可能な〝夢〟でなく、目標となる〝夢〟であることを知ってもらいたかった。

夕刻になると生徒たちに自由時間を与え、食事をとらせた。生徒の多くが焼肉店の密集する生野まで足を延ばし、ちょっとした年末の旅行気分を味わう。が、中鉉秀にはそんな余裕はない。24時間営業のサウナを見つけ入浴とともに仮眠をとった。その日は再び夜通しバスを運転しなければならないのだ。

困ったのは、現地で知人や顔見知りの他校の先生などに会ったときである。

「先生、せっかくだからちょっと食事でも」などと言われて誘われれば、決まってお酒をすすめられる。出来る限りは断るのだが、どうしても断りきれない場合は、まさに舐めるようにお酒を口にし、少しでも早くその場を切り上げた。

運転手の代理はいないため、何かあれば責任はすべて自分にかかってくる。仮眠をとった後は、寝静まった生徒たちを乗せひとり静かにハンドルを握った。いちばんの大敵は睡魔だったが、それでもこれまでただの一度も事故を起こしたことはない。

12月31日の朝、バスは学校へ到着しホテル代のかからない〝0泊3日〟の旅は終わる。それがその年のラグビー部の締めくくりである。

中鉉秀は、菅平までバスで1日2往復したこともあった。

菅平とは長野県に位置する山あいの町のことだ。そこは冬にはスキー客で賑わうリゾート地だが、夏の間は全国のラガーマンの集う一大ラグビータウンとなる。全国の高校、大学、社会人といったラグビー部が1週間、2週間とその地で合宿を続け、その間、練習と同時に適当な対戦相手と練習試合を繰り返すのだ。

対戦相手が多いこと、そして町ぐるみで受け入れ体制をとり、町中にラグビー場が点在している点がラグビー部にとっては好都合だった。現在菅平のグランドは100面近くになり、合宿をするチームは800を越え、遠く北海道、九州はもとより、韓国からも対戦相手を求め合宿に訪れるのである。

もともとは昭和のはじめ、スキー客を見込んで地元の企業が町に大きなホテルを建設した。しかし夏の利用客がいないため、その誘致にとラグビーの合宿を受け入れたのだという。そのさきがけとなったのは法政大学ラグビーで、以来、早稲田大学、日本大学、専修大学など次々とこの町を訪れることになるのだが、何故ラグビーというスポーツが選ばれたかというと、その15人という人数からだと言われる。選手が多いのだから、それだけ客が増えるだろうという理由だった。

申鉉秀も学生時代から毎年必ず菅平を訪れていた。当初は電車バスを乗り継いで。その後はバスとなった。

監督となったある年、ＯＢのひとりがマイクロバスを貸してくれることになった。それまで申鉉秀は、サッカー部のバスを借りたりレンタカーを調達したりしていた。しかし、時間的なことや費用の面で何かと苦労をしていた。そんな惨状を知ったＯＢが無償で貸すと申し出てくれたのである。

その申し出に申鉉秀は喜んだ。これでサッカー部に無理を言うことも、高いお金を払うこともない。理解あるＯＢがいて助かったと思った。

ＯＢへの感謝の気持ちを胸に、合宿前日にバスを引き取りにある地方都市に行った。

だが、申鉉秀はバスを見て驚いた。

「ヒョンニム（兄さん）、何ですかこれは？」

「まあ、ちょっと小さいのは我慢してくれよ。ガソリンだって満タンにしといたからよ」

「いや、我慢とかじゃなくて、これじゃ乗り切れないですよ」

「何で。これなら20人以上は乗れるぞ。ラグビー部なら充分だろ。サッカー部じゃないんだから」

「それはヒョンニム（兄さん）の時代の話でしょう。いまのラグビー部は40人以上はいるんですよ」

「え？　いつからそんなに増えたんだよ」

「そのことは電話で話したじゃないですか。そしたらヒョンニム（兄さん）は大丈夫だって」

ＯＢはもともと会社の大きなバスを貸すつもりだったのだが、事情があってそのバスが使えなくなってしまった。そこでＯＢは自分のポケットマネーでレンタカーを用意しておいてくれたのだが、そのバスが小さすぎたのである。

「20人も乗れれば大丈夫だと思ったんだけどなあ……」

結局、申鉉秀はそのバスで菅平まで2往復することになったのである。スケジュールの問題もあったし、何より先のＯＢの好意を無にはしたくなかったからだ。

それにしても、さすがの申鉉秀にも急な山道の2往復はこたえた。

いまでは高速道路が開通し、菅平への道のりはだいぶ楽になったが、その当時は群馬と長野の県境の山、カーブの続く碓氷峠を越える必要があった。

険しい山道を走りながら、自分が何故そこまでするのか、申鉉秀は自分自身でもわからなくなることがあった。

そもそも自分自身教員を希望していたわけではない。教員として母校に赴任し2年間、申鉉秀はラグビー部のコーチを務めた。先輩の教員が監督を務めていたからである。2年後、同監督が教職を離れたのを機に申鉉秀は監督となった。

監督としての毎日は多忙を極めた。しかしそれは、ラグビーの指導というよりむしろ生活指導に時間を割かれた。


朝鮮高校ラグビー部には、悪しき伝統があった。

それは金徳昌や高明栄のいた創部当時からのものだが、いわゆる〝デキの悪い者〟が多く集まるということである。

中学時代に問題を抱えた生徒は、ボクシング部とラグビー部のどちらで預かるかということで話し合われることも度々あった。そのせいなのか両部は仲がよく、それぞれの部員が互いの試合に応援にかけつけることがよくある。違うスポーツとはいえ、お互いに何か惹きつけるものがあるのだろう。

ただ、そういった生徒を交えての練習は、ゼロどころかマイナスからのスタートといえた。

ラグビーの指導以前に指導すべきことが多すぎるのである。

遅刻はするな。学校を休むな。煙草は吸うな。喧嘩をするな。万引きをするな。さらにはパチンコをするな。

当たり前なことだが、その当たり前のことをいちいち言わなければなおらなかった。いや、何度言ってもなおらない生徒もいた。

申鉉秀は、練習後の暗くなった街を生徒を探して歩いたこともしばしばだった。

中でも申鉉秀がもっとも厳しく言ったのは、他校の生徒と喧嘩をするなということだった。ラグビー部員に限ったことではないが、もし朝鮮高校の生徒が他校の生徒と喧嘩をすれば、それは大きな問題にまで発展してしまうことがある。現に、過去朝鮮高校の生徒の喧嘩が多くの問題を引き起こし、社会問題に発展していた。

もしラグビー部員が喧嘩で問題を起こしたら、ただでさえ難しい日本の高校との練習試合がますます組みにくくなるだろう。ようやく日本の大会への参加が認められたのである。問題が起こることによっては、すべてが振り出しに戻る可能性もあった。

ほかのことは多少大目に見たにせよ、日本の学校の生徒との喧嘩だけは、どんなことがあっても避けねばならなかった。

「いいか。何があっても、どんなことがあっても喧嘩だけはするな。喧嘩が起きればそれは当事者だけの問題では済まされないぞ。朝高生がひとりでも喧嘩をしたらそれは朝高生全員の印象を悪くする。そればかりか、日本に住む在日朝鮮人全員にも影響が出ることだ。たったひとりのためにみんなのイメージが悪くなることなんだ。絶対に喧嘩だけはするなよ」

もちろん、ラグビーの試合においても暴力を固く禁じた。何があっても、何をされても絶対に手を出すな、と。

幸い申鉉秀が赴任して以降、ラグビー部と他校の生徒との喧嘩は一度も起きていなかった。ただ、ある試合でこんなことがあった。

朝高の生徒がレイトチャージ――ボールをキックした直後の無防備な体勢でタックルをされた。

ラグビーでは時折起こりうる反則だが、あからさまなチャージを受けた朝高生は相手につかみかかった。

「テメーッ、わざとやっただろ！」

周りにいた双方も一瞬にして険悪になった。何人かが互いにつかみ合う。レフリーが慌てて笛を吹いて間に入った。

その時、朝高のキャプテンが走ってやってきた。もめ事をおさめるのもキャプテンの重要な役割である。

が、キャプテンはなだめるのではなく、大声で叫んだ。

「バカヤロー！」

そして殴りかかったのである。

キャプテンに殴られ、体勢を崩したのは朝高の選手だった。

「手ぇ出すなってあれほど言われてんだろー！」

その行動に、周りは一瞬にして静まり返った。レフリーも困惑したが、仕方なく互いにお咎めなしということでゲームは再開された。

　中鉉秀はほっと胸をなで下ろすと同時に、その思いは複雑だった。

　ときにルールのある喧嘩と言われるラグビーでは、実際にグランドで喧嘩が起きる場合がある。激しい身体のぶつかり合いを重ねることによって次第に興奮し、相手の反則やちょっとしたきっかけから怒りを爆発させてしまうのだ。もちろんそんなことは許されるはずはないのだが、肉弾戦の多いラグビーではそうした興奮状態はどうしても起こりうる。だからこそ、ラガーマンには強い自制心が求められているのだ。〝喧嘩をしてはならない〟というのはスポーツとしてのラグビーのルール（規則）以前に、スポーツマンとしてのマナー（規律）だといえる。

　こんな言葉がある。

〝喜びの感情を抑えられない者に、怒りの感情は抑えられない。怒りの感情を抑えられない者に、規律の求められるラグビーをやる資格はない〟。

　ラグビーの場合、トライ（得点）をしたからといってほかのスポーツに比べおおげさには喜ばない。ひとつには、トライが個人のものではなく仲間全員のものであるという考えがそこに横たわっているからであるが、一方で、嬉しい時に喜びの感情を抑えられないようでは、怒りの感情も抑えられないということを知っているからだ。したり顔で、得点をしたのだから素直に喜べばいいという人がいるが、素直な感情を試合中にいちいち出していては、肉体のぶつかり合うラグビーでは、いずれ怒りの感情も出てしまうことだろう。実際、トライのたびに感情を表すプレーヤーほど反則が多く、世に名プレーヤーと言われる人ほど、トライ後は淡々としているものである。

感情を抑えつつ、ルールを守り、マナーを守って激しいプレーをすることが求められるスポーツ、それがラグビーなのである。

3　菅平の夜

喧嘩は起きなかったものの、ひとつの事件が菅平で起きた。

ある夏、朝高ラグビー部が宿泊する宿舎で、申鉉秀は宿の主に呼ばれた。

「先生のところの生徒で、いま部屋にいない人はいませんか」

時間は夜の9時を回っていた。合宿の最後の晩となるその日、生徒たちは夕食後に自由時間が与えられ、町の中心部にある商店街でお土産や記念品を買うことが許されていた。しかし門限は過ぎており全員が宿舎に戻っているはずだった。

「実は先ほどあるお店から連絡があって、ウチの宿のサンダルを履いた生徒が、万引きで捕まったらしいんです」

「それはウチの生徒ですか」

「いや、どこの生徒なのか本人が頑として言わないそうなんです。それで仕方なくそのサンダルを見てウチに電話してきたんですよ」

「どこの店ですか。私が行ってみます」

「いや、まだ先生のところの生徒がどうかは……」

実際、その宿にはふたつの高校の生徒が泊まっていた。

「いえ、とりあえず行ってみます」

ほかの学校の生徒ならそれはそれでいい。自分が引き取り、その学校の先生に渡せばいい。ほかの学校の生徒でも顔を見ればだいたい見当がつくはずだ。それより、いちいち部屋を調べて犯人探しをするようなことをすれば、問題は大きくなってしまう。できることなら問題は自分のところだけで抑えておきたかった。

お土産屋は歩いてもいける距離、クルマならものの数分とかからなかった。

店の事務室に入るまで、申鉉秀の思いは複雑だった。他校の生徒であって欲しいと願う反面、朝高の生徒なら誰なのだろうと、顔を思い浮かべてしまう。悲しいことではあるが、そんな時、何人かの生徒の顔が浮かんでしまうのだ。それは生徒指導を長く続けていたために起きた悪い癖なのかもしれない。

申鉉秀は事務室のドアを静かに開けた。丸椅子にうつむいて腰掛ける高校生。その前に店主とおぼしき人物が座っていた。

その高校生は気配に気づき、申鉉秀のほうを向いた。

その顔には見覚えがあった。見覚えがあるどころではない。さっきまで一緒に食事をし、今まで宿をともにし、今日までずっと一緒にグランドで汗を流していた教え子である。

そうか、おまえだったのか。そう思うと申鉉秀は情けなくなってきた。

「すみません。ウチの生徒です。私は東京朝鮮高校ラグビー部の申ともうします」

申鉉秀は大きな体を折って店主に深々と頭を下げた。

「そうですか。朝鮮高校さんですか。いえね、いくら聞いても学校名を言わないんですよ。

こんなちっちゃな町ですからね、いずれはわかることなんですけどね」

思ったより柔和な店主の対応だった。

「本当に申し訳ありませんでした」

申鉉秀はいま一度頭を下げた。

「おまえも謝れ。このパーボ・チャシッ（バカタレ）！」

生徒は、申鉉秀に促されると立ち上がって頭を下げた。

「すみませんでした。私は東京朝鮮高校ラグビー部の○ともうします」

と、何故か申鉉秀と同じように名乗った。

「そうね、始めからそうやって名乗ってくれればよかったのに。それで許すというわけじゃないけど、いつまでも名乗らないようじゃ、警察だって呼ぶことになっちゃうよ」

「いや、本当にお手数をおかけして申し訳ありませんでした」

結局、万引きしたものを買い上げるということで許してもらった。それはお土産用のTシャツ1枚だった。生徒からすればどうしても欲しかったというより、ほんの出来心なのだろう。それでももちろん罪は罪である。

申鉉秀は、店主が断るにもかかわらず、その店であれこれ食料品のお土産を買った。せめてもの罪ほろぼしのつもりだった。

生徒を引き取りクルマに乗り込んだ後、申鉉秀には怒りがふつふつと湧いてきた。

確かにほんの出来心なのだろう。しかし、おまえは自分の立場を考えているのか。おまえは在日朝鮮人なのだ。おまえは東京朝鮮高校の生徒なのだ。そしておまえは、そのラグビー部員なのだ。

例えば、ほかの日本の高校のラグビー部員が万引きを働いたとする。その高校が無名の高校なら、いずれその事実も忘れ去られてしまうだろう。仮に有名校だったにせよ、それはその有名校が汚名を着せられるだけですむはずだ。しかし東京朝鮮高校の場合、その学校のたったひとりのその生徒の罪によって、朝鮮学校全体が汚名を着せられることになる。例えば東京朝高の生徒は万引きするが、大阪朝高の生徒は万引きしないだろうと思われることはない。東京朝高も大阪朝高も愛知も広島も、朝鮮高校は朝鮮高校なのである。そしてそれは、在日朝鮮人全体に対してのイメージにも繋がりかねない。

実際、朝鮮高校には悪いイメージがつきまとっている。

日頃、放課後になると学校には様々な電話がかかってくる。

おたくの生徒が駅前でたむろしている、電車で騒いでいる、万引きをしている——。

もちろん実際に迷惑をかけていることもあろうが、制服からして明らかに他校の生徒であっても、朝鮮高校の生徒だと思われる。中には初めから喧嘩腰で抗議をしてくる場合もあるし、どう考えても偏見からの抗議もある。そんな抗議にも申鉉秀はできるだけ丁寧に答えるのだが、そうしたイメージがあるのは事実なのだろう。

そうでなくても練習試合の相手が少ないのだ。申鉉秀自身、これまで何度練習試合を断られたかわからない。授業の空き時間の間、1時間電話をかけ続けてすべて断られるということもあった。

菅平では、直接グランドに乗り込んで直談判で練習試合を申し込んだこともあった。事前に話すと断られるからだ。直接会って頭を下げ、実際に試合をしてもらい、自分たちの姿を見てもらうことによって、偏見を少しでも取り除く努力をしてきた。

そんな中で、朝鮮高校の悪い噂が立ってしまったら元も子もないではないか。自分の努力が無になってしまうではないか。もちろん自分ばかりではない。毎日練習に汗を流している生徒たちも、その努力が無になることさえある。

怒りがこみ上げた申鉉秀は、突然クルマを走らせた。

「オレは、今日おまえを許すことはできない。監督としてではないぞ。ひとりの同胞の先輩として、おまえを許すことはできない。おまえの行動は、おまえひとりの問題じゃないんだ。わかってんだろうな」

クルマは町をはずれて山の中へと向かって行った。隣に座る生徒は無言でうつむいたままだった。が、クルマが走るほどに不安を隠しきれなくなる。

その生徒が最後まで自分の学校名を言わなかったのも、朝鮮高校だったからだろう。自分の行動がほかの在校生みんなに迷惑をかけるということはわかっていた。そのことは監督である申鉉秀から何度も厳しく言われてきたことだ。が、頭ではわかっていたつもりでも、つい手を出してしまった。

クルマが中心地を少しはずれると周りは真っ暗になる。特に脇道に入れば外灯も何もなく、光るのはクルマの灯りと月とそして星のまたたきだけである。幸い澄んだ山あいの空気のせいで明るい夜空といえるのだが、都会の夜の明るさとは比べようもないほど暗い。

農道を入り、申鉉秀が乗り付けた場所はラグビー場だった。クルマのライトの前にグランドが見える。

申鉉秀はひとり先に下り、グランド整備用の小屋から何やら持ち出してきた。

「下りろ！」

申鉉秀は、助手席の生徒を引きずり下ろした。そして手に持っていたものを握らせた。それはスコップだった。

「ここに穴を掘れ。大きい穴だ。おまえの体が入るくらいの大っきいの」

生徒は信じられないといった顔で申鉉秀を見た。

「大丈夫だ。首はちゃんと出しといてやるから息はできる」

何が大丈夫なものか。生徒の顔は泣き出しそうに歪んだ。

「大丈夫だって。朝にはちゃんと迎えにきてやる。それに心配するな。この山には熊も狼もいないから頭が喰われることはない。せいぜい狸くらいだから死ぬことはないだろう。ほら、早く掘れ！　オマエ、掘れって言ってるだろ！」

生徒にはもう限界だった。この監督なら、本当にやりかねないと思った。

「ウワー、ミヤナムニダ（すみません）、ミヤナムニダ、ミヤナムニダ……」

手にスコップを持ったまま、生徒はその場に土下座して泣いた。泣きながらハングルですみませんと何度も繰り返した。

「本当にそう思っているのか」

「本当です。ミヤナムニダ（すみません）、ミヤナムニダ……」

生徒は夜中の山の中でしばらく泣いていた。山中には生徒の泣き声とクルマのエンジンの音、そして時折響く虫の音が聞こえていた。

申鉉秀は、自分の怒りが静まるまでしばらくその場で立ちすくんでいた。

申鉉秀にとってまだ救いだったのは、店主の別れ際の言葉だった。

「まあ、生徒さんをあんまり叱らないで下さい。うちじゃ1日1件は万引き犯が捕まりますから。名前は言えませんけど、中には花園に出ているような有名な学校の生徒もいるんですよ」

もしその店主の言葉を聞いていなかったら、本当にこの生徒を埋めてしまったのではないかと申鉉秀は思った。

それにしても、この山の中にはどんな動物が住んでいるのだろう。今までそんなことを一度も考えたことのなかった申鉉秀は、改めて深い闇の中をみつめた――。


何故この生徒は万引きをしてしまったのか。それはまだラグビーに打ち込めないからではないか。ラグビーに対して、大きな目標を持てないからではないか。

厳しい練習の先に、希望を見い出せないからではないのか。

自分自身もそうであったように、在学中に何か目標を持てなければ不安は訪れる。卒業後の進路のこともあるし、その先の将来に対しても常に不安がつきまとう。

そもそも在日朝鮮人は日本の中の外国人として常に不安定な立場に立たされている。自分たちが日本人ではないという事実を前に、自らのアイデンティティを探ろうとする。

何故自分は日本に生まれたのか、何故自分は日本人ではないのか、朝鮮人とは何なのか、日本人とは何なのか、国とは、民族とは……。

朝鮮学校では、自分たちの教育のことを「民族教育」という。そして、朝鮮学校のことは「ウリ（我）ハッキョ（学校）」、つまり「自分たちの学校」という。朝鮮学校とは、自分たちの民族を学び、自分たちが何人《なんぴと》であるかを知るための学校なのだ。

時に人は、人を分け隔てるのに国籍や生まれなど必要がないという。

しかし、そううそぶくことができるのも、自分たちに国があり、国籍があるからだ。そしてまた、生まれや民族によって、人を差別している社会が現存することを知っているからだ。

中鉉秀は思う。もし、本当に国や国籍が必要ないという日本人がいるのなら、そのパスポートをドブに捨ててみろ、と。世界のほとんどどこへでも行くことができ、おそらくは、最も身の安全を保証してくれるパスポートを。

自分たちにはパスポートはないのだ。国籍はないのだ。国家さえ分断されたままなのである。

ではいったい自分たちは何人なのか。そのことを知ることができるのが、民族学校であり、朝鮮学校なのだと中鉉秀は思っている。

朝鮮学校は、そうした民族意識を育てるためには重要な役割を担い、そして多くの成果を上げている。それでも彼らには〝異邦人〟としての不安は常につきまとう。

在日朝鮮人としての歴史はすでに百年、1世紀を越えた。日本に住む世代も3世、4世、5世と世代交代も確実に進んでいる。中鉉秀自身、日本生まれの3世である。

自分も含め、同胞たちのほとんどが日本での永住権を持ち、母国への帰国は前提としていない。これから先もおそらくは日本に住み続けるのだろう。

だからこそ、若い生徒たちが、今後日本で生きていく上で必要なものは自信である。目標である。夢である。そして希望である。

どんなに辛く、厳しい現実の中でも、希望があれば明日に向かって生きていける。希望を持ち、目標や夢に向かって生き、その中で自信を得ることができたのなら、それは人生の大きな財産になるはずである。

ボクシングでもいい。ラグビーでもいい。申鉉秀は、生徒たちに希望を持ち、大きな目標に向かって生きて欲しかった。大きな夢を持って欲しかった。

そして生徒にいかに希望を与えるか。

それは、自分自身の役割のはずだった。

第4章

問題児

朝鮮高校のラグビー部は、どちらかといえば〝デキの悪い子〟のほうが多いんです。
悪いというのは、成績の悪いのと生活態度が悪いのと両方ですね。
あとはボクシング部。中学時代の問題児はたいがいどちらかで預かります。
もちろんみんな〝悪い〟わけではありませんけど、比率で言えばどうしても高くなる。

そんな生徒を預かって、スポーツを通して更生させるというのも
私たちの役割なんですが、それでもあのころの問題児、
金元樹（キム・ウォンス）はちょっと違ってました。
それはまるで部内に〝爆弾〟を
抱えてるようなものでした。
でも避けるわけにはいかなかった。
彼が同じ同胞だということを考えれば、
私たちが引き受けるのが義務だったと思います。
私たちの学校は、ただ勉強やスポーツを
教えればいいというわけではありませんから。
そのことは、創立以来ずっと
変わっていないことです。
私は、それが朝鮮学校だと思っています。
まあ、金元樹のおかげでなかなか気が
休まらなかったのは事実ですけどね

1　最初の出会い

朝鮮高校の公式戦への参加がまだ認められていないころ、中鉉秀はある先輩から電話をもらっていた。

「鉉秀、今度ちょっと会ってもらいたい生徒がいるんだけどな」

その先輩は、近県の朝鮮中学の教師をしていた。会ってもらいたいのは、教え子のひとりだという。

「来年、中学卒業なんだけど、東京朝高のラグビー部で面倒みてくれないか」

「そりゃ誰だって面倒はみますよ。本人にやる気さえあれば」

「本人はラグビーをやりたがっているんだ。それにおそらくラグビーに向いてると思う。だけど、ちょっと問題があってな」

「問題児ですか。まあヒョンニム（兄さん）からわざわざ電話してくるんだから、そういうことでしょうね」

中鉉秀は、親しい年長者である先輩に対して〝ヒョンニム（兄さん）〟と呼んで応えた。

「でもラグビー部はこれまでも問題児は受け入れてますし、そういう子はいまもいますから」

「うん、そうだろうな。だから頼むんだけど、どうにかラグビー部で更生して欲しいと思ってるんだ。でも問題なのはな、実はその生徒、いま、保護観察中なんだ」

「保護観察？　保護観察中というと？」

「すでに鑑別所に二度入ってる。今度何かやらかしたら、たぶん、少年院だろうな」

「少年院ですか……」

申鉉秀の言葉は一瞬途切れた。

内部で解決できる問題なら、いくらでも努力のしようがあった。学校をサボる。校内で煙草を吸う。あるいは生徒間で喧嘩をする。これまでも常にそういった生徒と向かい合ってきた。

しかし、保護観察中の生徒が外で問題を起こしたら。そしてその子が少年院に入ったら。一体どこまで自分が責任を持てるというのか。ましてや学校やラグビー部にどれほどの影響があるのか。

申鉉秀は躊躇した。

しかし、問題があるからといって避けるわけにはいかなかった。その少年は、いずれどこかの朝鮮高校に入学するのだろう。いつかどこかで更生が必要なら、自分たちで受け入れるべきではないのか。

仮に日本の高校であれ、あるいは高校に進学せずに社会に出たとしても、その少年が在日朝鮮人のひとりであることに変わりはない。抱える問題が大きいからといって、その少年を見捨ててしまうわけにはいかないと思った。

「そうですか。だったら一度会わせて下さい。とにかく本人と会って、話をさせて下さい」

「そうか。そう言ってくれると助かるよ。今度近いうちに親御さんとも一緒に会えるようにしておくから、時間を取ってくれ」

ばならないだろうと思った。


「いいですよ。わかりました」

更生させるという自信はどこにもなかったが、申鉉秀はどうしてもその子には会わなければならないだろうと思った。


数日後、申鉉秀は金元樹本人と両親、そして話を持ってきた先輩と会うことになった。会ったのはY市にあるその父親の会社の応接間だった。父親はその町で不動産業を営んでいた。


「先生、すみません。わざわざこんな所まで足を運んで頂いて」

金元樹の父は、多忙を理由に会社を空けられなかったことを詫びた。自身も朝鮮高校出身のため、言葉はハングルだった。決して大柄ではないが、胸板の厚さ、腕、太股、そして首の太さが印象的だった。

隣に座る金元樹本人も、体型は父親そっくりだった。ただ違うのは、年相応につきだしてきた父のお腹の周りの肉が少年にはないだけである。

顔つきも似ており、特に朝鮮人にありがちな同じ細い目がそっくりだった。しかし、父がすでに温厚な顔つきになっているのに比べ、金元樹のその細い目は何かを睨み付けるように厳しい。初めて会う申鉉秀に対しても、最初に挨拶をしたきり一度も口を開いていない。申鉉秀が10歳、いや20歳若かったら、ふたりは喧嘩になっていただろう。

父親が言った。

「せめて高校だけは行かせたいと思ってるんですけどね。勉強はいいんです。私だって、学校でろくに勉強なんかしなかったんですから。高校で何かスポーツにでも打ち込んでくれたら、悪さもしなくなると思うんですけど」

「そういう意味では東京朝高のラグビー部なら安心ですよ。この監督は厳しいので有名ですし、これまでもいろんな問題児を抱えながら、ちゃんと育ててきましたから」

先輩の言葉に申鉉秀もあわてて口をはさむ。

「そんなことはないですよ。ただ、ラグビー部は練習も多いですから、ラグビーをやっていれば遊び回る時間はなくなるはずです。ただそれも本人にラグビーをやる気があるかどうかが問題ですけど」

「いや、こいつはラグビーはやりたいって言ってるんです。父親の私はラグビーについてはよく知らないんですけどね」

「私は、この子にちゃんとクラブ活動が務まるかが心配でして。みんなに迷惑をかけないかって」

そばに座る母親が口を開いた。

口振りから優しそうな人柄がうかがえたが、息子のことでの心労からか、疲れているように見える。

「元樹ならラグビーをやらせればうまくなりますよ。それに朝高サッカー部は元樹にはちょっと向いてないと思いますね、はっきり言って」

そもそも金元樹にラグビーを勧めたのは、そう言う中学校の恩師である。

金元樹の持つその頑強な体と、強い闘争心はラグビー向きだと思った。体型の割にはスタミナもある。闘争心やスタミナならボクシング向きでもあるが、骨太の割に身長の低い体型では闘うクラスがなかった。ウェイトを基準にすればリーチが短すぎるし、減量するにはあまりに筋肉がつきすぎていた。

かといって朝高のサッカー部では元樹の性格に合わないはずである。単にスポーツという意味でのサッカーなら、それなりのプレーヤーになるかもしれないが、どちらかというと朝高の〝エリート〟の集まるサッカー部は、〝落ちこぼれ〟には馴染まないところがある。我が強すぎる生徒にとっては居心地が悪い。

もちろんラグビーも集団スポーツではあるが、それぞれ体型や性格によって個性が発揮できるポジションがあり、集団の中でもある程度の個性は認められた。というより個性が必要だともいえる。それに、実際ラグビー部は常に問題児を抱えていた。

「確かにサッカー部に比べればウチのラグビー部は居心地がいいかもしれません。ただそれもこれも、本人のやる気次第です。君自身はどうなんだ。ラグビーをやってみたいのか」

申鉉秀は、黙っているだけの金元樹に問いかけた。

金元樹は上目使いに申鉉秀を見上げた。そしてようやく口を開いた。

「ラグビーをやりたいです。思い切り暴れていいなら、ラグビーをやってみたいです」

「バカ。スポーツは喧嘩じゃないんだぞ」

父は息子の暴言とも取れる言葉に口を挟んだ。

しかし、申鉉秀は金元樹に向かって答えた。

「いいだろう。暴れてみろ。好きなだけ暴れてみろ。ラグビーは、いったんボールを持ったら好きに暴れていいんだ。相手を拳で殴るのは許されないが、平手なら顔面を張ってもいいぞ」

中鉉秀の思わぬ答えに、金元樹は再び口を閉ざした。

「そのかわり、暴れるのはグランドだけにしてくれよ。ほかで暴れるのはもう卒業すると約束してくれ」

中鉉秀は金元樹にハングルで語り続けた。

「ラグビーは集団スポーツだ。それにいま朝高ラグビー部は日本の公式戦出場を目標にして毎日練習をしている。もし、その中でひとりでも問題を起こせば、それは日頃練習に取り組んでいるほかの部員にも迷惑がかかることになるだろう。そのことによって日本の公式戦への参加が認められなくなるかもしれない。そのことはわかるな。君ひとりの問題ではなくなるんだ。〝ひとりは全体のために、全体はひとりのために〟。ラグビーではそのことがとても重要なんだ」

それは英語で言えば、〝ワンフォーオール・オールフォーワン〟ということになる。ラグビーではよく使われる言葉だ。

ラグビーの場合、トライという得点を上げる選手はポジションにより偏りがある。トライそのものは基本的に個人で上げる得点だが、そのトライはあくまで残りの14人の協力があってのものという発想がラグビーにはある。

例えば野球の場合、ホームランバッターはヒーローとなりえるし、サッカーの場合でもゴールを入れた者は大きな喜びを体で表すことがある。が、ラグビーの場合は誰がトライをしようともそのトライはみんなのもの、トライをした個人が得意気に喜ぶことはむしろ恥とされるのである。そこに〝ワンフォーオール・オールフォーワン〟で表されるラグビー精神の魅力のひとつがある。

「君も、みんなのためにラグビーをやる気があるか。自分のためにじゃない。みんなのためにだ。でももし君がみんなのためにラグビーをするなら、きっとほかのみんなも君のために何かをしてくれるだろう。もちろん私もする。それがラグビーというものだ。どうだ、約束できるか」

金元樹は、声を出すことはなかったが、小さくうなずいた。

この子を預かって本当に更生できるかどうかはわからない。自信も保証もどこにもない。が、とにかく入部後が本当の勝負だと申鉉秀は思った。

「でもこいつがほかの人に迷惑をかけないか。それがいちばんの気がかりでね。ホントに大丈夫でしょうか」

金元樹の父親は、もし息子が問題を引き起こせば、ラグビー部全体に迷惑がかかるのではないかと心配した。それも当然のことだろう。ひとつ問題を起こしても少年院行きなのである。いまの日本で、少年院行きの部員を抱えた朝高ラグビー部に日本の大会への参加が認められるとは思えない。

「だったら、アボジ（お父さん）。この子をしばらくラグビー部の練習生ということにしてはどうでしょう。もしその間に問題を起こしても、正式なラグビー部員ではないので対外的にはラグビー部の不祥事にはならないはずです。どうですか」

「そうですか。もしそういう形を取って頂けるなら、こちらも少しは安心です」

「先生、何卒よろしくお願いいたします」

母親もそう言って深々と頭を下げた。

その母親の姿を見て、傍らの金元樹は上目づかいのままほんの少しだけ頭を下げた。


結局、申鉉秀は金元樹を預かることにした。責任は自分に重くのしかかる。例え金元樹を練習生としたところで、実際に問題を起こせばそんなことでごまかせるはずもない。

申鉉秀は初めからそう覚悟していた。それでも金元樹を受け入れるには、形式が必要だった。そうでもしなければ、父親も納得しなかっただろう。

申鉉秀が金元樹に会ったということ。それ以前に申鉉秀が先輩から電話をもらったということ。そのこと自体で、すでに申鉉秀が、いや朝鮮高校ラグビー部が金元樹を受け入れるということは決まっていたのである。

息子の荒れていた中学時代、母は息子を殺して自分も死んでしまったほうがよっぽど楽だと思っていたという。

申鉉秀に不安がなかったといえば嘘になる。しかし申鉉秀に迷いはなかった。受け入れるのは、自分たちしかいないのだと。

2 繁華街の不良少年

家庭環境、生活環境、そしてもって生まれた性格、あるいはちょっとしたきっかけ――。

少年が非行に走るには、様々な理由があるはずだ。しかし、一方でその理由を特定するのも難しい。

金元樹が非行の道に走ったのにも様々な理由が考えられた。その内のひとつが、友人関係だった。

小学校から朝鮮学校に通う金元樹にとって、放課後の友人は少なかった。自宅から学校までは電車を利用して片道約1時間。学校内に友人はいても、家の近所にクラスメートはいなかった。

家が繁華街の近くということもあってか、近所に住む幼なじみもいなかった。朝鮮人の家庭である。そもそも日本人の友だちがほとんどいなかった。

中学生になった頃、繁華街で数人の若者と知り合った。

「お前、名前は？」

「木村、木村元樹（げんき）」

金元樹は、聞かれて日本名を名乗った。

「いくつだよ」

「16」

「ふーん、どこの高校？」

「高校は行ってない」

「なんだ、オレらと同じだな」

相手は近隣の日本人の不良少年たちだった。彼らを相手に、中学生の金元樹は自分の年齢を16歳と偽った。がっしりとした体格と大人びた振る舞いから、年齢のごまかしは誰に疑われることもなかった。何より自分が朝鮮学校に通っているということを知られたくなかった。もし嘘で近隣の日本の中学校の名を出しても、すぐにばれてしまうだろう。結局、学校に通っていないと嘘をつくしかなかった。

自分を嘘で塗り固めながら、金元樹は次第にそうした仲間の輪の中に入って行った。片道1時間という学校も次第に休みがちになる。喫煙、飲酒、喧嘩、万引き、深夜の徘徊と、年長者と付き合うことによって、非行少年として基本的なことはひと通り経験した。

当初、父親は息子の不良化に気づきつつも、少年なら誰もが通る道だと楽観視していた。自分自身の若い頃も、決して人に褒められるような生活ではなかった。

鑑別所や少年院入りといった大事にはならなかったが、警察の厄介になったことも一度や二度ではなかった。特に喧嘩では近隣の日本人を震え上がらせるほど名の通った存在だった。

中学生の頃、仲間のひとりがナイフで刺されたことがある。喫茶店で日本人に喧嘩を売り、表で喧嘩になった。たまたま相手は集団就職で地方から出てきた男だった。都会の中で護身用にと常にナイフを持っていたのだという。その後、事件の経緯を知った自分の親に殴られ〝半殺し〟の目にあったが、事件が大きく警察沙汰になることもなかった。親に殴られたのは、ナイフが使われる喧嘩になったから。そして、仲間を守れなかったから。町中での少年たちの喧嘩が珍しくない時代のことである。

金元樹は喧嘩で相手を傷つけ、その慰謝料を請求されたことがあった。父親は子供の喧嘩になぜ親が出てくるのかと思ったが、時代の変化を受け入れざるをえなかった。相手を傷つけたのは事実である。しかも、その喧嘩は徐々にエスカレートしていった。

ある時、母親が元樹の財布に思わぬ大金が入っていたのを見つけた。

父が元樹に問いただした。

「お前、その金、どうしたんだ」

「CDを売った」

「CDでそんな金になるのか」

「プレミアがつくヤツがあるんだよ。それを売れば元より高く売れる」

そう言われれば、両親としてもそれ以上は追及できなかった。親子の間の歯車は、次第に狂い始めていた。仕事が多忙だった時期でもあり、それほど息子をかまってやれなかったことがひとつの原因だったかもしれない。

その頃の金元樹にとってもっとも刺激的だったのは暴力だった。暴力は、自らの力がすぐに認められるのである。力があれば、年齢も国籍も関係がなくなる。

しかもその暴力によって、容易に金銭を得ることもできた。いわゆる〝カツアゲ〟である。町中で不良っぽい連中を見つけては、喧嘩を売り、勝てば金品を奪う。その場合、狙う相手を選ぶことが難しかった。相手が強すぎれば自分がやられてしまうし、かといって弱そうな普通の生徒や子供ではすぐに親や警察に訴えられてしまう。

同じ〝匂い〟のする連中をかぎわけ、喧嘩をしてはその戦利品として金品を奪えば、訴えられることもない。あるとすれば、その仕返しに備えるだけだ。

金元樹は、金が欲しい時は喧嘩を売っては自分の力で〝稼いだ〟。どうしても金が必要というわけではなかった。そんな金はちょっとした飲食代として、あるいはゲームセンターで湯水のように消えていった。それでもなくなれば金は欲しくなる。

その間、何度か補導されたこともあったが、金元樹の非行は簡単にはなおらなかった。息子の実態を知った父親は、怒り、叱り、暴力で制裁を加えた。母親はただの一度として手を上げることはなかったが、常に辛抱強く口で言って聞かせた。ただ、いずれも効き目はなかった。一度狂った歯車はなかなか元には戻らず、親があせってもがくほどに、その歯車は狂い続けた。


ある年の春。金元樹は、ひとり夜の街を歩いていた。日頃は不良少年どうしで街を徘徊することが多いが、その日は、金元樹ひとりだった。

どこかに適当な相手はいないか。ポケットの中に小銭しか入っていなかった金元樹は、喧嘩の相手を物色していた。

しかし、めぼしい相手はなかなかみつからなかった。ゲームセンターの中をうろうろしている内に、ある男の声が耳に入った。

「まったく、ムカツクなあ」

その声が、誰に発せられたものかはわからない。自分が格闘するゲーム機に向かってかもしれないし、ゲームに負けた自分自身にかもしれない。もしかしたら、実際に横を通った金元樹に向かって投げかけられたのかもしれない。

しかし、そんなことはどうでもよかった。金元樹にとっては、その声を耳にしたこと自体が〝ムカツク〟ことだった。まして、相手が背広を着たサラリーマン風の男であることなどもはや関係がなかった。

「テメー、ムカツクってなんだよ、オレに文句あんのか」

金元樹は、ゲーム機の前で座っている男の襟首を掴んで言った。

「なんだよお前は」

いきなり襟首をつかまれた男も殺気立つ。少々酒が入っていたことも男を強気にさせた。しかも相手はまだ子供だ。男はひるむことなく語気を荒げた。

「オレに喧嘩売ってんのか、オゥー」

だが、喧嘩となると勝敗は明らかだった。金元樹のほうがはるかに喧嘩慣れしている上に、喧嘩の目的もはっきりしていた。

金元樹は男が立ち上がろうとする瞬間、その鼻先に向かって、自分の額を叩きつけた。それは得意の〝チョーパン〟だった。

ゴン、と低く鈍い音がなった。

中腰で半身のまま、上から相手の体重の乗った〝チョーパン〟をくらった男は、ぶざまに椅子の上にへたり込み、その瞬間、今度は椅子もろともバランスを崩して床にひっくり返った。騒々しい店内に、さらに大きな音が響いた。

しかし店員が物音に気付いて駆けつけたころには、サラリーマン風の男がひとり床にはいつくばり顔面を血で濡らしているだけだった。すでに背広の内ポケットにあった財布は抜き取られていた。

思わぬ大金を手にした金元樹だったが、その金も、結局はゲームセンターで消えてゆくだけだった。1時間、2時間。金元樹は繁華街のゲームセンターを回りながら金を使い続けた。

ふと気が付くと、金元樹はあるゲームセンターで男たちに囲まれた。真ん中には見覚えのある顔。痛々しく包帯を巻かれてはいるが、先ほど自分が痛めつけた男の顔である。

「こいつですよ、こいつ。間違いありません。オレの財布取ったのはこいつですよ！」

興奮して話すその男を囲むように、ふたりの警察官が立っていた。

金元樹にとっては、男が警察に訴えるなど思いつかないことだった。しかし、それが現実だった。金品を奪われ、怪我までさせられた男はすぐさま警察に飛び込んだ。その後付近を捜索してみたら、〝犯人〟はのん気にゲームに興じていたというわけである。

その場で補導された金元樹は、パトカーに乗せられ警察署へと連行された。

事件後、両親は頭を下げ懇願したが、結局、金元樹は少年鑑別所に送られることとなった。それまでの補導歴が影響したこともあるが、ちょうどそのころ、少年犯罪の多発、凶悪化が話題となっていた時期だけに、思った以上の厳しい処置となったのかもしれない。

少なくとも両親にとっては、それが民族差別だとは思いたくなかった。

「これもいい機会だ。ちょっとは頭を冷やしてこい」

父は時代の変化を感じつつ、あきらめ顔で元樹を見送った。

「もうこれ以上他人に迷惑をかけないでね」

母はこぼれそうな涙を必死にこらえながら言った。

少年鑑別所とは、事件を起こした少年に対して家庭裁判所の審判が行なわれる間、その少年の身柄の拘束が必要とされた場合に一時的に収容される場所である。

鑑別所を出た金元樹は保護観察の身となった。

それでも、金元樹は更生したとは言えなかった。ワル仲間との付き合いも切れず、学校も休みがちだった。

そして中3の時。金元樹は仲間とともに暴力事件を起こし、二度目の鑑別所入りとなった。

その時は、金元樹の通う朝鮮中学の校長が身元引き受け人になるということで、少年院行きをどうにか免れた。

だが、もし次に大きな問題を起こせば、間違いなく少年院送りになると言われていた。

3　保護司の手紙

金元樹は、こうして東京朝鮮高校入学後、新入部員のひとりとしてラグビー部に入部していた。

金元樹の保護観察については申鉉秀とほんの一部の教師以外誰にも知られなかった。

金元樹はもし自分が問題を起こせば、そのことが知られるばかりか、ラグビー部に迷惑がかかることを承知していた。それは自分たちの部に限ったことではない。日本の公式戦参加を目指す全国の朝鮮高校にも影響を及ぼすことになるだろう。

しかし、そう思ってはいても、それまでの性格が簡単に直るわけではなかった。

金元樹は夏休みのある日、ひとつの問題を起こしていた。またしても喧嘩で捕まったのである。

喧嘩は駅の構内で起こった。理由はたわいもないことで、人混みの中で体がぶつかった、ぶつからないというものだった。本来なら我慢すべきことだったが、金元樹にとっては、相手の言動が気に障った。

「まったく近頃のガキは何考えてんだか。ちゃんと謝れ！」

ぶつかってきたのはそっちのほうだろう、思った瞬間には手が出てしまった。

相手は中年男性だった。殴られた瞬間にメガネが飛ばされ、組みつかれてホームに倒された。幸い近くの駅員がかけつけ、それ以上大きな騒ぎにはならなかったが、金元樹は相手とともに駅事務所に連れて行かれた。相手は思わぬ少年の暴力にすでに威勢を失っていた。金元樹は暴れることこそなかったが、しばらく相手を睨みつけていた。

警察官が事情聴取にやってきた。しばらくして、連絡を受けた金元樹の母親が慌てて身柄を引き取りにやってきた。

母親は、金元樹を見るなり大声を張り上げた。

「この、バカ！」

言うなり、平手で思い切り息子の頬をはたいた。

金元樹にとって、それは母から受けた初めてのビンタだった。非行が進んだ後、金元樹は父親からは散々殴られたが、母親に殴られたことは一度もなかった。

母は暴力は父親の役目であると思っていた。自分が殴らない分、父は何度も殴った。殴ってでも言うことを聞かせようとした。

母は、殴る代わりに言葉で諭した。それは、いつかはきっとわかってくれると信じていたからだ。それが甘やかしだというなら、それで仕方がない。それでも母は暴力を避けていた。だが、この日ばかりは手が出てしまった。しかも他人の前で暴力を振るってしまった。初めからそんなつもりがあったわけではない。しかし、息子を見たとたんに思わず手が出てしまったのだ。

「あんたはね、まだわからないの。私たちに迷惑をかけて、今度は先生や友達にも迷惑をかけるっていうの！」

すでにその声は涙声になっていた。

金元樹はなすすべもなくたたずんでいた。間に入ったのは、その場にいた中年の警察官だった。

「まあまあ、お母さん。息子さんを殴ってすっきりしましたか。だったら許してやって下さい」

警察官は笑顔で優しく言った。

「君もな、そろそろお母さんの気持ちもわかってあげなくちゃ。高校生だろ、何かスポーツはやっているのか」

小太りで猪首のその警察官は、金元樹に何故かそんな質問した。

「ラグビーをやってます」

無言のままでいればまた母親が口を挟むと思い、金元樹はぼそっと答えた。

「おお、そうなのか。ラグビーはいいよな。あれは男のスポーツだ。私は柔道一筋だったが、ラグビーはいい。いま、うちの息子はラグビースクールに通っているぞ」

中年の警察官は、そう言って表情を崩した。その警察官は、金元樹が保護観察中であるということは知らない。駅でのちょっとしたいざこざだし、警察が入るほどでもないと思った。被害者自身、問題をそれほど大きくしたくないと言った。ただ、殴られた際に壊されたメガネのことが不満だった。

警察官は示談を提案した。先方も示談で了承し、壊れたメガネ代にいくらかのお金を払うということで話は成立した。

だがこの時、もし金元樹が保護観察中だと知れたら、問題は大きくなっていただろう。相手が示談に応じたこと。そして間に入った警察官の対応によって、金元樹は救われたといえる。

「ラグビーをやっているんなら、それに打ち込んだらどうだ。真面目にラグビーをやっていたら、喧嘩なんてバカらしくてする気も起きないだろう。〝ワンフォーオール・オールフォーワン〟ってな。かっこいいよな、あれは。柔道にはない言葉だからなあ」

警察官はそう言って、笑顔で母子を解放してくれた。

この事件のことは、すぐさま両親から金元樹の保護司に報告された。

もともと保護観察の身。日頃の生活ぶりも報告せねばならず、例え家族旅行でも、遠方に出かける際には許可が必要なのである。報告は当然の義務だった。

ただ、恐れたのはその報告を機に事件が公になり、問題が大きくなることだった。今度事件を起こせば少年院行きと言われていたのである。

しかし、報告を聞いた保護司は金元樹に言った。

「それは金くんに与えられた最後のチャンスだったのですね」

金元樹を担当する保護司は老齢の女性だった。そもそも保護司とは基本的にボランティアである。社会的に信用があるとか、ある程度の人生経験がある人が保護司として少年たちの相談相手となりながら、更生へと導く。保護司としての活動には法的な作業も必要だが、人生の先達として非行少年たちを見守るといった役割を担う。

そのため、保護司とひとことで言っても、その接し方は人様々である。厳しく指導をしたり、口うるさく注意をする人もいれば、逆に形ばかりの仕事で終わる人もいる。

金元樹の保護司、遠藤キミ代は、年輩の女性ということもあり決して厳しい人ではなかった。常に金元樹には心を開き、同時に金元樹の心を開かせようと努力をしていた。

そのひとつが手紙である。遠藤キミ代は、ことあるごとに金元樹に達筆の手紙を寄越した。郵送でくるほか、時には直接家のポストに入れてくれた。そうして自ら足を運んでくれる手書きの手紙には、彼女の温かみがあった。

手紙には必要な用件が書いてあることもあるが、たいがいは何気ない報告や、励ましの言葉だった。

「元気でやっていますか」

「近頃悩みはないですか」

「季節の変わり目ですね。体を大事に」

「お誕生日おめでとう」

「二度とないいまを精一杯生きて下さい」

ちょっとした言葉の数々は、次第に金元樹の心にも染みてきた。そんな保護司を騙すことはできない。そうした思いから、金元樹は事件のことを正直に話した。

場所は保護司の家だった。それまで金元樹は何度その家に足を運んだことだろう。

小さなテーブルを挟んで向かい合った保護司と〝不良少年〟の会話の中で、金元樹の正直な告白に、その「最後のチャンス」という言葉が返ってきた。

「もう一度事件を起こせば、もう神様は許してはくれないでしょう。でも、金くんに立ち直る気持ちがあるから、もう一度だけ神様はチャンスをくれたんじゃないかな」

金元樹はすぐに返事ができなかった。しかし、確かにそうだと思った。神様を信じるというわけではないが、今回のことでは自分は救われたと思った。自分だけではない。朝高ラグビー部も救われたのだ。これからも自分の行動ひとつに、先輩やチームメイトの運命がかかっているという思いが金元樹の心にのしかかってきた。

「金くんはラグビーは好きなの？　だったら、そのお巡りさんが言ったように、ラグビーに打ち込んでみたら。本当に好きなものに打ち込めるのがいちばんなんじゃない」

金元樹はラグビーが好きだと思う。面白いと思う。それ以上にラグビーは凄いと思う。金元樹は、鍛えられたラグビープレーヤーの凄さをまざまざと見せつけられたことがあった。

それは入部したての頃。朝高ラグビー部のＯＢで朝鮮大学に通う先輩がグランドを訪ねてきた。コーチのためにやってきたのである。

練習の合間に、そのＯＢが言った。

「よーし、誰かオレの持っているボールを奪ってみろ。１分以内に奪えたらジュースをおごってやるぞ」

金元樹はすぐさま名乗りを上げた。

もちろん飲み物目当てに名乗りを上げたわけではない。ただ、目の前の先輩に勝ちたかった。

金元樹は、ボールを持つＯＢにじわりと近づき、一気にボールに飛びついた。その瞬間、彼はボールを左手で抱え、ボールを後方に遠ざけた。そして体をずらしては、残った右手で飛びかかってくる金元樹の肩を突いた。バランスを崩した金元樹はよろける。それでもボールに飛びつこうとすると、今度はボールを右手に抱え直し、向きを変えて左手で金元樹の顔面を突いた。パチっと鈍い音がして、金元樹は地面に倒れ込んでしまった。ラグビーで言うハンド・オフだった。

「なんだ、だらしないな。ほら、力で取ってみろ」

金元樹は、その言葉に猛然と立ち上がり、ＯＢが両手で抱えるボールに組み付いた。今度はしっかりとボールを掴むことができた。

しかし、ＯＢの胸の前で抱えられたボールは、まるで胸に吸い付くようにしてびくともしない。いくら年齢差があるとはいえ、金元樹も腕力には自信があった。だが、腕に渾身の力を込め、振り回してみてもボールはまったく奪えない。

「ほら、腕じゃない、体で取るんだ、体で」

そう言われて全身で力んでみても、どうにもならない。次第に息が上がっていく。ひとつのボールを間にして4本の腕が絡み合ったまま、今度は一瞬自分の体が宙に浮かされてしまった。両足をばたつかせながらも必死にボールにくらいつく金元樹。そうこうしているうちに1分が過ぎた。

わずか1分とはいえ、全力を出し続けた金元樹は激しく息を切らした。一方のOBは涼しげな顔のままで言った。

「それじゃジュースは無理だな。今度はオレが取ってみようか。ホラ」

金元樹はボールを渡された。

「いいか、取られるなよ。それにしっかり立ててろよ」

金元樹はボールを両手で抱えて身構えた。今度は自分が1分耐えてやる。そう思った瞬間、OBはわずかに助走をつけて上半身を体ごとぶつけてきた。そして両腕で金元樹を抱え込むと、体をひねるように一瞬にして倒し、そのままボールを抱え込みながら奪い取ってしまった。

周りを囲んでいた1年生からは「おーっ」という声があがった。1分どころか、ほんの数秒のできごとだった。

「これがスマザータックル。相手をボールごと抱え込んで倒し、できればそのままボールを奪う。まあ試合ではこんなに簡単にはいかないけどな」

あまりの素早さに何が起きたかわからなかった金元樹は、そのままグランドに座り込んでいた。

金元樹は、喧嘩はもちろん腕力にも自信を持っていた。それが、自分はまったくの子供扱いだった。そのことに、悔しさを越えた一種の清々しささえ覚えた。

自分の弱さを痛感すると同時に、自分もラグビーを続けていれば強くなれるのだろうか。この先輩のようになれるのだろうかと、その時金元樹は思った——。


「どう、金くん。これを最後のチャンスだと思って、ラグビーに打ち込んでみる」

遠藤キミ代が問いかけると、金元樹は答えた。

「はい。オレ、もっとラグビーがうまくなりたいから」

「そうね。好きなことに打ち込めるのがいちばんね。これからもラグビーのこと、いろいろお話してね」

遠藤キミ代は、これまでも多くの不良少年、少女を見てきた。子供たちが何故非行に走るのか。

その理由は一概には言えないが、そうした少年少女たちは生きる目的や生き甲斐を見失っていることが多かった。そのため彼らは非行へと走る。逆に言えば〝不良になること〟が生き甲斐になるといってもいい。喧嘩でも喫煙でも万引きでも、そうした行為自体が、彼らの空虚な毎日に充実感を与えてくれるのである。

何か目的、生き甲斐、目標というものを持てることができたなら……。遠藤キミ代は、金元樹のスポーツに賭ける情熱を見守ってみようと思った。

ある日遠藤キミ代は、朝鮮高校ラグビー部について書かれた新聞記事を目にした。それは金元樹自身にも励みとなるはずだった。

「すごいじゃないの。あなたの高校が新聞に出るなんて」

その頃の面談で、遠藤キミ代は金元樹に声をかけた。

「でも、ぼくが試合に出てるわけじゃないですから」

「それでもすごいわよ。あなたも先輩たちと一緒に練習しているんでしょう」

遠藤キミ代は、面談のたびにラグビーの話題を持ち出し、金元樹と朝鮮高校ラグビー部を褒めた。

金元樹は、自分が試合に出ることはないとはいえ、自分も同じ部員のひとりであることに誇りを持った。そして、いつかは必ず自分も晴れ舞台に立ちたいと思った。

その後も東京朝鮮高校ラグビー部の奮闘ぶりが何度か新聞に掲載された。遠藤キミ代はそうした記事も丁寧に切り抜いて集めた。

遠藤の切り抜きにはほかにも意味があった。

後日、遠藤は金元樹の保護観察の解除を家庭裁判所に申し出た。理由は、すでに金元樹には指導・監督の必要がないというものだった。

朝鮮高校は、未だ公式戦への出場はない。が、しかしそれは次の世代に大きな目標を残しているともいえる。それは金元樹にとっても大きな目標となるだろう。明日への希望となるだろう。

ラグビーというスポーツを通し、大きな目標を持った金元樹にもはや保護司は必要ない。保護司としての長年の経験から遠藤キミ代はそう確信した。

ラグビーの全国大会を目指す高校、そしてその実力をつけつつある高校。そこで、金元樹は毎日汗を流しているということを家庭裁判所に伝えるために、遠藤キミ代は新聞を丁寧に切り抜いていたのである。

「大丈夫。あなたには目標もあるし、大切なお友達もいるでしょう。今度は、あなたがグランドで走る姿を見せてちょうだい」

遠藤キミ代は、金元樹に言った。

その後しばらくして、金元樹の保護観察は解除された。本来の予定が20歳までだったことを考えると、だいぶ短縮されたことになる。

第2部

2000年からの挑戦

第5章
新入部員

私たち朝鮮高校の場合、
ほとんど全員が高校からラグビーを始めるため、
その学年の出来不出来に関してはやってみなければわからないんです。
いくら運動能力が高くてもラグビーに向かない生徒もいるし、
最初はどうにもならない子でも、どこかで一気に伸びたりしますから。
とにかくパスの基本やルールのことから教えなくてはならないので、
最初の頃はどうなるのかまったくわからない。
こちらも精一杯指導はしますが、限られた時間で
一からすべてを教えるのは難しいんです。

そうなると、やはり大事なのは本人たちのやる気なんですね。
生徒自身の意識が高ければ伸びるのも早いし、
逆にそういう意識がなければ下手なまま終わってしまいます。
特に同じ学年の中に意識の高い者がいるかどうかが重要になってくる。

その点では、あの年の1年生は意識が高かったですね。
何人か中心になるような子がいましたから。
それに、その学年は部員が例年に比べ多かったんです。
そういった意味でも恵まれていた
学年だったかもしれません

1　22人の大人数

國學院久我山に、1ペナルティーゴール、3点差で惜敗した試合を遡ることおよそ5年――。

2000年4月の新年度初日。まだ人工芝となる前の朝高のグランドには、いつものように土埃が舞っていた。

グランド奥の半面がサッカー部、手前がラグビー部の練習スペース。かつては朝高のクラブといえばサッカーという時代があり、グランドのほとんどをサッカー部が占有していた。いまでは練習時には半分ずつ、試合のある日は時間を調整しながら互いに全面を使う。その右横では、縦のスペースを使い陸上部が走り、左端では〝弱小〟の軟式野球部部員がキャッチボールをしている。

その春の日の光景は、どこにでもある高校の校庭の姿だった。違いといえば、グランド奥の立て看板がハングルであるということ、そして練習に励む生徒たちの言葉が日本語交じりのハングルということである。

「オルンチョ（右）、オルンチョ（右）」

「バカ、回せ、パルリ（早く）！」

「何やってんだよ、アンデンダ（ダメだ）」

ラグビー部員たちはグランド半面を広く使い、本格練習を前にタッチフット――タックル無しのミニゲームに興じている。プレーの合間には、時折笑い声も響く。ほかにパスをしながら体を慣らしている者、遅れてきてストレッチを行なう者など、本格練習を前にした時間の過ごし方は様々だ。

22人の新入部員は、ゴールポストの周りで照れくさそうに、そして時に誇らしげに楕円球と戯れていた。足下にはピカピカのスパイク、流行りの白を履く生徒もいる。いまでは、スパイクに刺繍で名前を入れることもできるという。

「オレたちの頃には考えられなかったけどなぁ」

申鉉秀は、グランドの水撒きをしながら白のスパイクを見て思う。グランドがまだ土だったこの頃、水撒きは申鉉秀にとっての練習前の日課だった。

180センチを越える体躯。かつては高校、大学、クラブチームとナンバー8として活躍した申鉉秀も、30歳を越えてからは現役プレーヤーを引退、いまでは指導者としてのみラグビーとかかわっている。仲間やOBからは、現役を続けていた頃に比べてだいぶ丸くなったといわれるが、二度の鼻骨骨折によって、少し左に曲がった鼻がかつての激しいプレーぶりを物語っている。

そんな申鉉秀も、まだあどけなさの残る少年たちの顔と、真っ白のスパイクのアンバランスには思わず笑みを浮かべる。あの顔とスパイクがこれから先どう変わるのだろう。自分のような鼻になる者はいないかもしれないが、少なくともスパイクは3年はもたない。真面目に練習をすれば、1年も経たずに使い物にならなくなる。

時代が変われば変わるものもあるだろう。それはそれでいい。だが、時代が変わっても変わらないものは変わらない。その変わらないものをいかに受け継ぎ、そして次に伝えるか。申鉉秀はずっとそのことに心血を注いできた。

ひと通りの水撒きを終え、申鉉秀は後ろを振り返り新校舎を見上げた。

かつては生徒数2千を越え、校舎も5階建ての大きなものだったが、近年の生徒数の減少と校舎の老朽化から、数年前に3階建ての新校舎に立て替えられた。朝鮮学校は日本の学校教育法上「高等学校」とは認められず、「各種学校」という扱い。そのため、一般の日本の高校のような助成金もほとんど受けられず、建築費はほとんどOBからの寄付金である。申鉉秀自身、OBのひとりとしていくらかの寄付金を出していた。

その新校舎の最上位部にある大時計を見て申鉉秀は叫んだ。時計は2時を指していた。

「モードゥ　モヨラ（みんな、集まれ）！」

その大きな声にグランドには一瞬にして緊張感が走る。

「モヨラ（集まれ）」「モヨラ！」――。

2、3年生のラグビー部員が口々に叫んでは監督のもとに駆け寄る。周りに散らばっていたボールや備品も、いつのまにか一緒に集められている。その生徒たちの態度は、申鉉秀の日頃の厳しさの現れでもある。

その様子を見て、幼な顔の1年生たちも慌てて集まってきた。

新しい年度の新チームのスタートである。

新入部員を含め約50人の部員を前に、申鉉秀は口を開く。もちろん言葉はすべてハングルだ。

「今日から新年度が始まった。新入部員も加わり、新しいスタートとなる。私たち朝高闘球部に全国大会への門戸が開かれてもう7年にもなる」

申鉉秀の周りで円陣を組む生徒たちは、ただ耳を傾ける。

前年は準々決勝で負けた。過去も最高は準決勝だった。花園どころか、まだ東京都の決勝にさえ手が届いていなかった。

「お前たちの目標はあくまで全国大会だからな。そのためにも今年は永旼新キャプテンのもと、ひとつになってがんばっていこう」

「イエ（ハイ）！」

李永旼がキャプテンであることは、すでに前年度の代が引退した時から決まっていた。選んだのは申鉉秀だった。それまでの2年間をともに過ごしての任命である。

李永旼は、申鉉秀が本格的なウェイトトレーニングを取り入れて以来、もっとも熱心に練習に取り組み、しかも成果を上げていた選手だった。もともと身長があった分、FWの核として十分に期待された。

監督としての挨拶を終えた後、申鉉秀は新キャプテンに声をかけた。

「永旼、アップは任せる。ストレッチと基礎までやっててくれ」

「イェ（ハイ）」

チームの中で2番目に大きなキャプテンは、みんなを見下ろすように言う。

「2列！　先にグランド、ジョッグ1周！」

「オーッッ！」

返事とも雄叫びともつかぬ声を上げ、生徒たちは、またたくまに2列になってグランドを走り始めた。一面にはたちまち土埃が舞った。

「1年生はここに残れ」

中鉉秀のその言葉に、あたりをうかがっていた22人が、監督の周りで再び円陣を組んだ。

毎年のことであるが、中鉉秀は新入部員を前にしてひとつの問いかけをする。その年も1年生を前に言った。

「みんながラグビー部に入った理由はいろいろあると思う。しかし、君たちが同じ学年でラグビーをする上で、ひとつ決めて欲しいことがある」

新入生たちは、不安な面もちで監督の次の言葉を待った。

「それは、これから3年間ラグビーをするにあたっての目的のことだ。部活動として3年間ラグビーを楽しむのか。あるいは、全国大会出場を目標としてラグビーをするのか。これは先生が決めることではない。君たち自身が決めることだ」

経験のまったくない〝素人集団〟が花園を目指すとするなら、人一倍の努力が必要だった。かといって、中鉉秀はそのことを強要する気はなかった。仮に強要したとしても、その気のない生徒に何を教えても無駄だろう。ただ単に辛い思いで3年間を過ごすくらいなら、始めから3年間の想い出としての楽しい部活動の時を過ごせばいいのだ。ラグビーでもそういった楽しみ方は充分にできる。

選ぶのは生徒たちでいい。何より、自分たちで考え、自分たちで決めることが大事だと思っていた。

「先生、僕は花園を目指します」

生徒の中から声が上がった。

「待て。その答えはいまでなくてもいい。君たちの学年で話し合って、意見をまとめておいてくれ。意見をまとめるのが大事なんだ。いいな」

「……はい」

声を上げた生徒は、力無く答え、周りからは失笑の声が聞こえた。

「さて、念のために聞くが、この中でこれまでラグビーをやったことがあるヤツはいるか」

その問いに、誰ひとり手を挙げる者はいなかった。

「そうか。やっぱり誰もいないのか。みんなラグビーは初めてだな」

だが申鉉秀がそう言ったとき、輪の中から一本の腕がすーっと上がった。それは腕を上げたというより、肘を折った腕を胸の前にこっそりと突き出したという感じだった。声もなくただ上目使いで申鉉秀を見るその姿は、まるで悪戯がみつかって悪びれる少年のようでさえあった。生徒のぼさぼさの頭が、より一層少年らしさを強調させている。

「なんだ、君はラグビーをやったことがあるのか。どこでだ？」

「……小学校です」

少年は小声で言うと、こくりと首を下げた。

「小学校というと、日本の学校か」

「はい」

「君、名前は」

「康智勇（カン・チョン）です」

言うと、少年は再びこくりとうなずいた。

聞けば康智勇は小学校だけ日本の私立学校に通い、中学から朝鮮学校に転校してきた変わり種だった。ラグビー経験はその私立小学校時代の体育の授業でのほんのわずかな時期だけである。が、それでも朝高ラグビー部員にしてはかなり貴重な存在だといえた。おそらく、朝高ラグビー部始まって以来の〝逸材〟だった。ただし康智勇の場合、経験以上に、持って生まれた運動能力に抜きんでたものを持っていた。そのことは中鉉秀自身、後々知ることになる。

「ほかに経験者はいないいな。では、サッカー部出身以外の者はいるか」

〝以外〟と言われ手が挙がったのは3人。バレーボール、バスケットボール、卓球がひとりずつだった。ほかは、全員がサッカー部、康智勇も朝鮮中学ではサッカー部である。

イメージ通りと言おうか、卓球部出身者はことさら身長が低く、バスケ部出身者はいちばん背が高かった。

「バスケはさすがに背が高いな、いくつある」

「183です」

バスケ部出身、朴統輝（パク・トンフィ）が答えた。1年生でこの身長なら将来が期待できる。特に毎年小さなフォワードに悩む朝高ラグビー部にとっては、うれしい新人だった。あとは運動センスと闘争心。激しいコンタクトプレーが多いラグビーにおいては、どうしても闘争心が必要とされる。ボールに絡むフォワードの中心選手ともなれば、なおさらだ。

「君は、喧嘩が好きか？」

中鉉秀の突然の質問に、朴統輝はあわてて首と手のひらを同時に振った。

「え、いや、嫌いです」

「本当か？　本当は喧嘩したくてラグビー部に入ったんじゃないのか？」

申鉉秀が頬をゆるませ問い直すと、朴統輝は笑いながら、再び首と手のひらをさらに激しく振った。まれに体の大きさに反比例して気の小さい者がいるが、果たして朴統輝の場合はどうなのだろうかと申鉉秀は思った。

しかし、体型においては朴統輝を圧倒する者がいた。

申鉉秀は、その生徒を始めて見たとき「ついにミスター・プロップが来たか」と思わず顔をほころばせていた。遠目でもその体型はいやおうなく目立つ。

「君の名前は」

「鄭在鎬（チョン・ジェホ）です」

「在鎬もやっぱりサッカー部出身か」

「はい」

「その体でサッカーはきついだろう」

「こいつ、ぜんぜん走れないですから」

友人とおぼしきひとりが口をはさんだ。

「ウルサイ、黙れ」

鄭在鎬は小声で友人を制し、答えた。

「だから高校ではラグビーをやろうと決めていました」

「そうか。それはいい選択をしたな。いま何キロあるんだ」

「たぶん120キロくらいです」

「たぶん？」

「あんまり計ったことないですから」

「だろうなぁ。で、身長は」

「180センチです、たぶん」

「たぶん？　身長もあまり計ってないか」

「あ、はい」

いずれにせよ、高1で身長180センチ、体重120キロは、全国を見渡しても超高校級だ。もちろん、朝高ラグビー部始まって以来の巨漢である。これからどんな風に成長してくれるのか、申鉉秀は楽しみだった。

「ようしわかった。みんなもジョギングと準備運動からだ」

新入部員とひと通り話をした後、申鉉秀は声を上げた。ぞろぞろと新入部員が走り出すと、辺り一面に再び土埃が舞った。

数日後、1年生の意見がまとまった。練習を前に水撒きをしている申鉉秀のもとに、1年生たちが集まってきた。

「先生、みんなで話し合って決めました」

自分たちから回答を持ってくるのは始めてのことだった。

「そうか、決めたのか。それでどうなった」

「私たちは全国大会を目指します。これから3年間、その目標をもってがんばっていきます」

みんなを代表して意見を口にしたのは、梁義弘（リャン・ウィホン）だった。申鉉秀は、この義弘の顔に懐かしさを覚える。

義弘には、4歳年上の義基（ウィギ）というラグビー部出身の兄がいた。サイズには恵まれていなかったが、フォワード第3列のプレーヤー、主に左フランカーとしてボールへの絡みには抜群のものを持っていた。おそらくはその強気の性格から来たのだろう。激しいタックル、その後のあきらめない働き。常にボールのそばにいて、仕事をこなし続けた。味方にいればありがたいプレーヤーだが、敵にいればもっとも嫌われるタイプである。

そのプレーぶりと、またその人格から、義基は3年時にキャプテンも務めた。しかも義基は学業も優秀だった。成績は小学校の頃から高校卒業まで常にトップクラス。朝鮮学校で学期ごとに優秀な者に与えられる〈最優等〉を欠かさずもらい続けた。朝高卒業後は朝鮮大学へ進学、大学でもラグビーを続けていた。

しかし、義基は大学2年生のときに学校を突然中退することになる。

その理由を報告するために、義基は申鉉秀のもとを訪ねたことがあった。

「先生、オレもう大学は辞めることにしました」

「辞めてどうするんだ」

「留学しようと思ってます」

「留学？　そうか。どこに行くんだ」

「オーストラリアです。もっとラグビーをやりたいと思って」

「え、ラグビー?」

申鉉秀にとってそれはあまりに意外な答えだった。学業の優秀な義基が、勉学のために留学するというのならわからないでもない。実際、日本の学生に比べれば少ないものの、朝鮮学校から海外へ留学する生徒は増えつつある。それでも朝鮮大学を途中で投げ出して、しかもスポーツを目的に留学するのは極めて珍しい。

梁義基は大学でのラグビーに飽きたらず、どうしてもオーストラリアでラグビーを学びたいという。当時、朝鮮大学は公式戦への参加が認められておらず、クラブ(同好会)として大学のクラブ大会に参加するしかなかった。朝鮮大学が公式戦に参加できるようになるのは、後の2001年度からだ。

梁義基はオーストラリアへと旅立った。向かった先は、ニューサウスウェールズのノーザン・サバーブス・クラブ、通称ノースクラブ。日本代表の大畑大介(神戸製鋼)が留学したクラブである。

朝高ラグビーという一種の〝素人集団〟の中にあっては、そうした兄がいるだけでほかの同級生より何かと優位に立てる。兄を通して知るラグビーに対する知識、ラグビーの試合を実際に見るという経験。それらはこれから初めてラグビーを体験する者にとっては貴重なものだった。

弟、義弘はその年の1年生の中ではすでに中心的な顔になっていた。しかも、兄譲りの持って生まれた性格はすぐにラグビーにも反映され、ポジションも兄と同じフランカー向きだった。ボールへの執着心、そして負けず嫌いの強気な性格。どれもが兄と似ていた。

梁義弘は後々兄と同じポジションを得ると同時に、最終学年ではキャプテンを任されることになる。

「本当に花園を目指すんだな。だったら、先生もそのつもりでラグビーを教える。そのかわり休みも少ないし、練習は厳しいぞ。それでもいいんだな」

「はい。一生懸命やります」

1年生たちに迷いはないようだった。

22人という大人数。例年になくサイズに恵まれたフォワード。そしてわずかひとりだがラグビー経験者のいるバックス。

結果が出るまでに時間はかかるものの、全体として組織的に育てていけば、形になるのではないか。何より22人という大人数はそれだけライバルが多いということである。その中で競い合うということ。そして多くの仲間でいろんな練習に取り組むということ。そういった点では恵まれた学年だった。

「こいつらが伸びるかどうかは、経験と自分たちの意識の問題だろうな。あとは、せめてコーチがいてくれれば……」

朝高ラグビー部の練習は、主に申鉉秀が中心となって見ていた。しかし50人以上というラグビー部員をたったひとりで見るのは簡単なことではない。

特に初心者である1年生を教えるのがたいへんだった。パスの仕方、ボールの拾い方、そんな基礎から教えるには、2、3年生とは別メニューを担当する専門のコーチが必要だった。簡単な練習なら経験のある上級生が見ることもできるが、それは単に〝やらせる〟のであって、〝教える〟ことにはならない。

ラグビーの場合、基礎をうまく教えるにはある程度の経験が必要になる。特に怪我の危険性があるからなおさらだった。

2 〝不惑〟のコーチ

5月に入ってからのこと。

「なんなら、オレがしばらく1年生を見てやろうか」

そう言ってコーチを買って出てくれる人が現れた。クラブチームの交流を通して知り合った先輩、李共和（リ・コンファ）である。

「え、本当ですか」

申鉉秀はその申し出を喜んだ。春のチーム作りを前に、多人数の1年生をどう指導していこうかと困っていた時期だけになおさらだった。

「見るといっても土曜、日曜とかに限られるけどな」

「それだけでもだいぶ助かります。できればお願いできますか。先輩の来られる日だけでかまいませんので」

李共和はもともと愛知朝鮮高校の出身ながら、東京のラグビークラブ〈不惑倶楽部〉に所属する〝中年ラガーマン〟だった。

〈不惑倶楽部〉とは〝オーバー40〟、つまり40歳以上のプレーヤーによるクラブである。創部は戦後間もない１９４０年代末。〝不惑〟とは論語の〝四十にして惑わず〟から取った名であり、いまでは日本各地に〝惑〟の文字を含むクラブがたくさんある。例えば大阪の〈惑惑クラブ〉、〝神惑（じんわく）〟と呼ばれる〈神奈川不惑クラブ〉、東海地方を中心とした〈東惑（とうわく）倶楽部〉、九州には〈迷惑倶楽部〉がある。

そんなクラブに所属する李共和が、新1年生の基礎トレーニングを担当することになった。しかし、李共和は担当初日におおいに戸惑うことになる。


土曜日の昼下がり、相変わらず土埃の舞う朝高のグランド。1年生の練習スペースであるインゴールで、李共和は生徒たちのランパスを見た。

ランパスとは複数が横に並んで走りながら、ボールを順々にパスをしていく基本プレーである。が、その基本が1年生にとってはうまくできない。

「おい、おい、大丈夫かよ」

李共和は思わず口にした。あまりにも下手クソだったのだ。

確かに、ランパスは初めてやる者にとっては見ているほど簡単ではない。ラグビーのパスは後ろへ投げなければならないが、この走りながら〝後ろへ〟投げるということが最初はうまくできないのだ。

ボールを蹴る。ボールを受ける。ボールを〝前へ〟投げる。そういったことは誰もが自然にできるが、〝後ろへ〟投げるという行為は、ほとんどの人間にとって経験のない行為だ。

そのため自ずと動きがぎくしゃくし、不自然になる。例えばそれは、右効きの人が、左手でボールを投げるようなものだ。

初心者といえばそれまでだが、それでも、彼らは花園を目指すという。花園を目指す生徒にしては、あまりにお粗末なランパスに、李共和は困惑せざるをえなかった。

「すみません。みんな初めはこんなもんなんですよ」

中鉉秀が半ば茫然とする先輩に声をかけた。

「みんなラグビーなんてやったことないんですから。どこかひとつでも朝鮮中学にラグビー部があればいいいんですけどね」

「ここにはないのか」

朝高の学校の正式名は〈東京朝鮮中高級学校〉であり、学校内には中級部（中等部）もある。

「部を作るにしても指導者がいないんですよ。サッカー経験者ならいくらでもいますけど、ラグビー経験者となると少ないですからね。それに学校側のある程度の理解がないと……」

「確かにな。朝鮮人といえばサッカーだからなぁ」

現在日本では、児童の減少が進んでいる。特に日本での〝団塊の世代〟の子供たちの世代〝団塊ジュニア〟の世代が就学年齢を越えてから一気に学生は減少した。

各地の朝鮮中学もその例に漏れず、その中で統廃合される学校もある。既存のサッカー部の人数を維持することさえままならない現状では、ラグビー部を作ること自体難しい。

それでも、翌2001年には東大阪朝鮮中級学校にラグビー部が生まれることになる。大阪というラグビーの盛んな土地柄であるということ、日本でもいちばん生徒数の多い生野区の学校であるということ、そして朝鮮大学ラグビー部出身の新任教師が赴任したこと。それらの好条件が日本で初めての朝鮮中学ラグビー部誕生の背景にはあった。

「私は、いずれここでラグビースクールを開こうかなと思ってるんですけどね。東京の朝鮮中学の生徒たちを集めて」

申鉉秀は将来の計画を語った。中学校単位では不可能でも、少しでも早く子供たちにラグビーを経験させたい。そう思ってのことだった。

「そうか。その時はオレも手伝うよ。ま、その前にこいつらを教えるのが先だけどな」

「すみません、よろしくお願いします」

李共和が練習の輪の中に入った。

李共和のコーチングの特徴は、練習中にさかんに声をかけることだった。

「ボールは両手で」

「ボールから目を離さない」

「パスする時は振って。スイング！」

「パスをする時も、もらう時も足はとめないで」

細かいことを一つひとつ丁寧にアドバイスを続ける。生徒たちは、その声に耳を傾けては少しずつ修正していった。

李共和は、修正がうまくいかない生徒を見つけては、個別にさらに細かくアドバイスをしていった。

また、李共和はひとつの練習の前には必ずその練習の目的を伝えた。何故、何のための練習なのか。そのことを理解して練習させたかったからだ。もともと生徒たちは、ラグビーのルールについてもほとんど無知である。李共和は常に具体的なゲームの動きを想定して練習させた。

そうした李共和の丁寧な指導が毎週末ごとに続いた。李共和自身、生徒とともにグランドで過ごす週末が楽しみになった。

そして李共和は、会うごとに生徒たちの変化を感じ取った。

「こいつら、うまくなったなあ」

李共和のいない平日でも、彼らは毎日練習をしている。そのほんの数日で、生徒たちは確実に進歩を遂げていた。もとがひどすぎたということもあるだろう。それでも、成長期である少年たちの進歩には内心驚かざるをえなかった。中でも意外な進歩を見せたのが鄭在鎬だった。

ある日、李共和が申鉉秀に言った。

「監督、あいつなかなかやるねえ。とても120キロとは思えないよ」

李共和は、グランドでちょこまかと動く巨漢を見て言った。

「ええ。あれで、なかなか器用なんですよ。練習も真面目にやってますし。ポジションはプロップしか考えられないんですけどね」

プロップはスクラムを最前線で押す仕事人だが、鄭在鎬はその〝ミスター・プロップ〟という体型からすれば思った以上に器用で、初心者にしてはボールさばきもそつなくこなした。リズム感がいいのである。

鄭在鎬はとりわけ音楽好きだった。練習前や移動中など、よくひとりで鼻歌まじりの歌を口ずさんでいる。その体型には似合わず軽やかに、そしていまどきの高校生らしく、人気のある女性歌手の歌をよく口ずさんだ。

学校内で生徒はハングルが原則である。授業はもちろん、休み時間でも日本語は使わないように努める。生徒たちは日本生まれの上、いまではその親もほとんどが日本生まれだ。もちろん学校を一歩でも出れば、社会は日本語であふれており、せめて学校内でハングル――ウリマル（我が言葉）を強制でもしなければ、母国語を覚えることは難しい。それは、英会話学校が校内で「日本語厳禁」にするのと同じだろう。言葉は学習より習慣である。

それでも実際にハングルだけで過ごすのは難しい。鄭在鎬の鼻歌はひとりでに出てしまうのだ。

「また何の歌を歌ってるんだ、え？」

申鉉秀が言うと、鄭在鎬は愛嬌のある顔で笑って首をすくめた。その体型と笑顔は、どこか憎めないところがあった。

ラグビーをする上では、その大きな体と、体の割りには意外な器用さが鄭在鎬の魅力だった。

ただし、スタミナに関しては体型通りだった。少し走っただけで息が切れ立ち止まってしまう。そんな時のおきまりのポーズは、両手を腰に当て小首を傾げることだった。申鉉秀は、そのポーズを見るたびに「在鎬、休むな！」と大声を上げた。

もうひとり、李共和の目に止まったのは、唯一のラグビー経験者、康智勇だった。

智勇は持って生まれた運動能力に抜きんでたものを持っていた。智勇はサッカー部に所属していた朝鮮中学校時代、優秀な選手による〈選抜チーム〉にも選ばれている。そのままサッカーを続けていても、それなりのプレーヤーになっていただろう。

両親も息子の朝高サッカー部入りを希望した。だが、智勇自身は高校ではラグビー部に入ろうと決めていた。

「サッカーには〝当たり〟がない。それにサッカー部は宗教じみている気がして自分には向いていない」

それがラグビー部入部の動機だった。

特別大きな体でもなく、真っ直ぐ走るスピードを見ても決して驚くような速さではなかった。が、一旦ボールを持った康智勇を止めるのは難しかった。同級生はもちろん上級生たちでさえ、その身のこなしには手こずった。

「捕まえろ、放すな！」

「何で止められないんだよ！」

周りで見ていてそういう誰もが、いざ自分の前にボールを持った康智勇が現れると、するするっと抜かれた。

経験ある上級生がふたり、3人できちっとディフェンスラインを作って網を張れば止めることはできたが、1対1で止めるのは簡単ではなかった。

ラグビーをもう一度基礎から教えれば、しかも勝つためのラグビーを一から教えれば大きく伸びるに違いない。荒削りだが、〝人に強い〟走りをする康智勇を見て申鉉秀も手応えを感じていた。

その年の2000年6月。ラグビー部は関東大会に初めて出場した。

李永旼キャプテン率いるチームのスタートは好調だった。すでに年の初めに行なわれていた新人戦でベスト4という成績。その後の春季大会では、東京高校を準決勝で25対24という僅差で破り決勝に進出した。

東京高校は近年実力をつけてきたラグビー界の新進校で、ラグビー部の創部は1980年。明治大学のキャプテンからサントリーに入り、その後は日本人初のフォワードのプロ・プレーヤーとしてフランスに渡った日本代表プレーヤーでもある斉藤祐也の母校としても知られる。

互いに伝統の不足している朝高とは練習試合も度々繰り返す良きライバル校でもあるのだが、朝高が勝ったのはこの時が初めてだった。

朝高はその決勝で久我山に敗れたものの、初めて準優勝という成績をおさめていた。その結果によって関東大会へも出場を果たしたのだが、春の関東大会出場も朝高ラグビー部にとって初めてのことである。

大会には梁義弘ら新1年生も参加した。試合自体に出場することはなかったが、先輩たちとともに関東大会の同じ空気を味わうことができた。

「さすがにみんなうめぇな。オレたちと全然違うよ」

観客席で制服姿のまま試合を見つめていた鄭在鎬が汗を拭いながら言った。6月の日差しを受けてすでに額には汗があふれている。

「バカ、当たり前だろ。いまからそんなこと言うな」

隣にいた梁義弘が厳しい口調で言った。梁義弘の厳しい口調はいつものことである。

「オレたちんときは勝たなきゃしょうがねえだろ。あと2年もあんだぞ」

「そうだよなー」

鄭在鎬はそう言うと得意の鼻歌を歌い始めた。

1年生たちは例え試合に出なくても、自分たちの学校は、関東大会に出たという自信を持つことができる。そのことは梁義弘たちにとっては大きな財産だった。

関東大会での結果は、2戦して2敗だった。が、埼玉の名門・熊谷工高、そして神奈川の強豪・法政二高と公式戦で交わることができたのは良い経験となった。何より、関東の強豪校が一堂に集う大会に初めて参加したという事実が生徒たちには貴重な経験となる。

大会終了後、申鉉秀は言った。

「負けた悔しさは忘れないで、一歩一歩目標に向かって進んで行こう。いまオレたちに必要なのは、経験なんだ」

そして、1年生たちに聞いた。

「先輩たちの努力のおかげで、お前たちはいい経験をさせてもらったな。どうだ、関東大会に来てみて」

「自分たちも、2年後には同じ大会に出られるように頑張ります」

梁義弘が言った。ひとつの目標ができた。

「そうだな。先輩たちを見習ってお前たちも練習に励め。先輩たちも2年前はお前たちと同じくらい〝下手〟だったんだからな。練習すれば誰でもうまくなれる。どうだ、在鎬、練習は辛くないか」

「あ、はい。大丈夫です」

鄭在鎬は首をすくめながらいつもの笑顔を作った。

先輩たちの勇姿は、ほかの1年生にとっても大きな刺激となっていた。

経験も実績もない学校のチームが高い目標に挑むのと、すでに実績のある学校のチームが高い目標に挑むのでは、同じ目標でもその捉え方には違いがある。この年の朝鮮高校は、ようやく歴史の1ページを刻んだのだった。

だが――。

3　1年生の退部届け

ひとつの問題が夏休み前に起こった。

それは順調に成長していたと思われた1年生にとっての危機だった。主力と思われる何人かがラグビー部をやめたいと言い出したのである。

そのうちのひとりは〝ミスター・プロップ〟鄭在鎬だった。120キロの体重はまさに超高校級だったが、その体もラグビーでは走ってこそ生かされる。

鄭在鎬は入部後、ラグビーの技術は多く身につけたものの、体型に変化はなかった。いつまでたっても走れず、走力に関してはほかのメンバーから遅れを取っていた。

「こんなんでオレはレギュラーになれるんだろうか……」

鄭在鎬の頭には、いつしか不安が募っていた。先輩たちのように関東大会にも出たい。もちろん花園にも出たい。だが、努力をしても一向に体重は減らず、ほかのメンバーのように走ることができない。いくらラグビーが好きでも、自分にとっては走ることがこの上なく辛い。

鄭在鎬は、もともとラグビーが好きだった。早明戦や花園大会などの試合はテレビでよく見ていた。世界のラグビーを見ることができる衛星放送もいち早く取り入れた。

画面の向こうでは、自分と同じような体型の人間がボールを追って走っている。自分にもラグビーならできるかもしれない。サッカーは無理でもラグビーなら自分の体型を生かせるかもしれない。

だが自分自身が走れないことを痛感し、このままラグビーが続けられるのかと心配になっていた。

また鄭在鎬は、高校卒業後は日本の大学へ進学することを望んでいた。

朝鮮高校の授業は、ハングルで行なわれるが、授業自体も日本の高校のように大学受験を前提にしたものではない。そのため日本の大学へ進学を希望する場合は、受験予備校に通うなど独自の受験勉強が必要となってくる。

その当時、朝鮮高校の卒業生には国立大学への受験資格はなく、公立、私立で受験を認めているのも全体の50パーセント強だった。１９７０年代以降、徐々にその数は増えつつあるものの、未だ朝高生に門戸を開かない学校は多い。そのため、国立大学の受験などを希望する場合、朝鮮高校に通いながらほかの日本の高校の夜間部に通ったり、通信教育を受けたり、あるいは改めて「大検」（大学入学資格検定）を受験するといった努力が必要だった。

日本の大学受験を希望する鄭在鎬にとっては、学業に時間を割かなければならない上、ラグビーにおいても人一倍努力をしなければならないという現実が重くのしかかった。

これ以上走れないのなら、ラグビーはあきらめ勉強に専念したほうが良いのではないか。数ヶ月間とはいえ、ラグビーに真剣に打ち込んだだけに、鄭在鎬はそう思い始めたのである。

いまひとりの退部希望者は、4年前の朝高ラグビー部キャプテンを兄に持つ梁義弘だった。梁義弘が突き当たった壁は人間関係だった。梁義弘は後に自らもキャプテンに指名されるように、強いリーダーシップの持ち主だった。が、その時点ではキャプテンというより、〝番長肌〟を表に出すタイプだった。

そういった性格が表に出るほど、人間関係がぎくしゃくしてくる。同級生はもとより、特にそれは先輩たちとのトラブルのもととなった。〝出る杭は打たれる〟のである。

そこには、梁義弘の持つラグビーセンスと、かつての名キャプテンの弟であることへの嫉妬が交じっていたのかもしれない。

梁義弘はことあるごとに先輩たちに厳しく当たられた。

「早くボールを持って来い」「荷物かたづけとけって言ったろ」「そんな派手なジャージ着てんな」

しまいには「お前が1年に言っておかないからだろ」と、ほかの1年生の失敗の責任までとらされた。

が、特に朝高生の場合、先輩に楯突くことは絶対に許されない。

「何でオレばっかりなんだよ、やってられねえなあ」

梁義弘はラグビー部に次第に居心地の悪さを感じていた。義弘も鄭在鎬同様、ラグビーへの思いが強かった分、失望の度合いも大きかった。

だがそれ以上に、梁義弘がラグビー熱を冷ました理由にはボクシングへの興味があった。兄の影響もありラグビー部に入ったものの、梁義弘には朝高でボクシングをやりたいという気持ちも持っていた。

東京朝鮮高校のボクシング部は、世界チャンピオン徳山昌守こと洪昌守（ホン・チャンス）を輩出したのをはじめ、東京のみならず日本の高校ボクシング界で名の知られた存在だった。ボクシングは個人スポーツである。いったんリングに上がれば、先輩も後輩もなく、ただ自分の力だけで闘える。そのほうがよほどすっきりするのではないか。梁義弘はいつしかそう思い始めていた。


そんなある日、梁義弘は部室にひとりでいる鄭在鎬を見つけた。

ラグビー部の部室は、グランド奥にある2階建ての建物の一室だった。2階にはサッカー部の部室があり、1階の半分がラグビー部の部室、そして残り半分がサッカー部と兼用のトレーニングルームになっている。

ロッカーに囲まれた埃まみれの部室の片隅には、過去の生徒たちの試合やテレビで放映された試合のビデオが置かれている。生徒たちは、着替えの合間や時間のあるときにそれらのビデオを観るのだが、在鎬は鼻歌を歌うでもなく、ただひとりで佇みながらビデオを観ていた。

そのビデオは、関東大会での先輩たちのビデオだった。

「なんだよ、在鎬、元気ねえじゃん」

梁義弘が声をかけた。教師がいない時の部員たちの会話は、ほとんどが日本語だ。

「お前、どっか悪いんじゃやねえの」

そういう義弘の声も、いつものきつい口調ではなかった。そうした義弘の変化に気付いていたか、在鎬も思わず弱音を吐いた。

「もうオレ付いていくのツライ。ラグビーは無理かもしんないよ」

義弘はこれまで何度となく在鎬の弱音を聞いてはいたが、その日の様子はいつもと違っていた。

「なんだよ、在鎬。お前、もしかしてラグビーやめたいのかよ」

「やめたいとかじゃなくて、無理。無理だよ。やっぱオレ、走れないもん」

確かに鄭在鎬の体型でほかの1年生と同じ練習をこなすのは辛そうだった。その辛さは、120キロという体重を背負った者でなければわからないものだろう。在鎬より50キロ以上も軽い義弘にとってはその辛さを実感することはできなかったが、日頃の在鎬の姿からは、その辛さが充分に伝わっていた。

「お前、もしラグビー部やめるっていうんなら、オレも一緒にやめんぞ」

「なんで、お前がやめんの。それっておかしくない？　だってお前はラグビーうまいんじゃん」

「そんなんじゃなくてよぉ……」

義弘は在鎬の弱音を聞いて、何か〝同志〟を得た気分でつい自分の思いを語ってしまった。在鎬自身、日頃から先輩たちの義弘に対する態度は気になっていたし、義弘ならボクシングでもいい選手になれるだろうと思った。

結局、梁義弘と鄭在鎬のふたりは「やめるんだったら早いほうがいい」と、退部を決意する。

ふたりの意志を知り、ほかの何人かも退部の意志を固めた。怪我や不向きなど、理由はそれぞれにあった。


数日後の昼休み、退部希望者が申鉉秀のもとにやってきた。いずれもが神妙な面もちで、詳しい理由を述べることなく、ただ「退部したい」と申し出た。

その話を聞き、職員室の自分の机の周りに佇む生徒たちに向かって申鉉秀は言った。

「お前たちは全員、どうしてもやめたいというのか」

退部希望者の中に梁義弘がいたことは申鉉秀にとっては驚きだった。鄭在鎬が壁に当たっていることは薄々感じていたが、梁義弘の悩みを知ることはできなかった。

ただ、こうして生徒たち自らが退部を申し出てきたのだ。それなりの思いがあってのことだろう。無理に引き留めても無駄なはずだ。それでも、一度だけチャンスを与えてみたいと思った。

「お前たちが、ラグビーが嫌でどうしてもやめたいというのなら仕方がない。ラグビー部は先生のためにあるものではなくて、お前たち自身のためにあるものだ。だから自分たちが嫌だと思うならやめてもいい。ただ、4月のことを覚えているか。お前たちが入部したての頃、先生は聞いたはずだ。お前たちは全国大会を目指すのか、それとも単にラグビーを楽しむのか、と」

梁義弘たちはうつむいたまま聞き入っていた。

中鉉秀が毎年新入部員に問う言葉に、答えは決まって「全国を目指す」というものだった。だが、中鉉秀が答えを聞く前に、自分たちで回答を持ってきたのは梁義弘たちが初めてだった。

「自分たちで話し合って決めたんじゃないのか、花園を目指すって。全国大会を目指している高校生はいま全国に何人いると思っているんだ。みんなそのために努力をしてるんだ。花園は、誰もが簡単に行けるところではないんだぞ。しかもお前たちは未経験という大きなハンディを背負っているんじゃないか。花園を目指すというのはな、辛いことなんだ。楽しい思いだけでは絶対にお前たちが花園に行けるはずがないだろう。お前たちのふたつ上の先輩たちも、ずっと努力を続けてようやく関東大会に行けたんだ。お前たちも先輩たちの姿を見て、関東大会に行こうと誓い合ったんじゃないのか」

生徒たちの脳裏には、関東大会での先輩たちの姿が浮かんだ。

整備された競技場、整然とした入場行進、そして行なわれる開会式。形式ばったセレモニーではあるが、そこには緊張感とともに晴れがましさと誇らしい思い、そういったものがないまぜになった空間が拡がっていた。

東京朝鮮高校として堂々と関東のほかの強豪校と肩を並べたことに勇気づけられた。日本に住む在日朝鮮人でありながら、スポーツに励み、努力を続ければ日本の一流校と肩を並べることができる。それは、在日朝鮮人として日本に生きる生徒たちにとっては明るい希望だった。


「お前たちが決めることだ。辛い練習に耐えるのはお前たち自身だからな。ただ、あの時の決意をもう一度思い出してみろ。たった3、4ヶ月で音《ね》をあげるようなら、最初の決意は何の意味もなかったということだろう」

彼らが本当に辞めるといったらそれはそれで仕方がないだろう。目標もなく嫌がる者に無理やり厳しい練習をさせても意味はない。やはり目標を持ち、自らの意志を持って練習に励んでこそ伸びることができる。強くなることができる。

申鉉秀には、朝高のラグビー部の練習が辛いことはわかっている。休みは少ない。指導も厳しい。グランドでの笑顔は怒った顔の十分の一、いやそれ以下か。

ともすればスパルタ式、あるいはシゴキと言われるかもしれない。そんなやり方は間違っていると言われるかもしれない。スポーツはエンジョイだ、楽しみなんだと。

自分もそう思う。スポーツは楽しい、と。だが笑いながら練習をするのが、楽しいことなのか。「楽しい」と「楽」は違うのだ。

スポーツの一番の楽しみとは何なのか。試合に勝つこと、大会で優勝すること。もちろんそれもあるだろう。だが勝つことだけがすべてではない。〝勝負の世界〟である。敗者がいるからこそ、面白い世界なのだ。敗戦を経験するからこそ面白いのだ。

敗戦は新たな目標を生む。そしてスポーツにおいて最も楽しいのはその目標の達成である。その目標が高ければ高いほど、楽しみは拡がる。ならば、その目標の達成のためには何を越えなければならないのか。それは辛い練習である。苦しい時である。申鉉秀は、自分がスポーツに打ち込んできたからこそそう思う。

朝鮮半島にはそんな諺がある。《コセン・クッテ・ラギ・オンダ》「苦労の終いに楽が来る」日本語の「苦はあれば楽あり」より、英語のThere is no pleasure without pain（苦痛のない楽しみなどない）に近いだろう。スポーツは楽しい。しかし、その楽しさのためには必ず辛さが必要なのである。

そして、その辛さに自ら立ち向かうことこそ、若い彼らには必要だった。彼ら生徒たちにとって、これから社会に出ていく上では、もっともっと辛いことがあるはずだ。そんな時こそ、辛い練習に耐えたという自信を持って生きていって欲しいのだ。希望を捨てず耐えて欲しい。

そのためにも、彼らにはもう一度チャンスを与えたかった。自分たちで壁を乗り越えて欲しかった。

「みんなで話し合った上で、もう一度気持ちを聞かせてくれ。いいか」

「はい。わかりました」

申鉉秀に言われ、梁義弘らはうなだれたまま職員室をあとにした。

その日の晩、梁義弘らは康智勇の家に行きそのまま朝までともにした。

康智勇の家は学校の近くでお好み焼き屋を営んでいる。それまでも1年生の仲間たちはちょくちょくその店で食事をしては、そのまま家に泊まることがあった。学校からはバスではんの10分ほどの距離。遠距離通学の多い部員たちにとっては、そこはありがたい場所だった。ただしお好み焼き屋に行けば、必ず受けなければならないものがあった。それは智勇の父、康聖国（カン・ソングク）からの〝激励〟である。

「おお！　来たか、来たか」と言って店のマスターでもある康聖国は大声を上げ大歓迎する。その大きな身体は鄭在鎬と見まがうばかりだ。

「何でも好きなの食ってけ。たくさん食ってもっと大っきくなれよ」

もちろん生徒からお金を取ることはない。気前よくどんどん食べさせるのである。

息子がサッカーをやめラグビー部に入ったことによって、熱烈なラグビーファンになってしまった父親の目下の夢は、息子とともに花園に行くことである。

「どうだ、お前ら。少しはラグビーうまくなったのか。花園には行けんのか」

「はい。頑張って行けるようにします」

問われて誰かが答えると、すぐに大声が飛ぶ。

「行けるように、じゃだめだ。行くんだよ。絶対行くって気持ちじゃなきゃ。気持ちが大事なんだぞ、気持ちが。オレたちチョソンサラム（朝鮮人）が気持ちで負けてどうする」

「わかった、わかったよアボジ（父さん）。オレら絶対行くから」

仕方なしに智勇が割って入る。

「おお、そうか、絶対行くんだな。みんなも絶対行くんだな」

「はい、行きます。絶対に……」

「よーし。お前ら、行かなかったらここで食ったお好み焼き代全部請求するからな。特に在鎬の分はだいぶたまってるぞ」

「え、本当ですか」

「当たり前だ。智勇、お前もだからな」

「なんで、マジで。ここオレんちじゃん」

「バカ、お前んじゃない、オレの店だ」

たとえ何を言われようと、生徒たちにとって、腹一杯のお好み焼きと学校に近い寝床はとてもありがたかった。


その日も、なんとなく様子の違った義弘たちに智勇が言った。

「今日、ウチにメシ食いに来ねえか」

その言葉に義弘たちは、智勇の父親に〝激励〟されながらお好み焼きを食べた。その後は仲間たちでラグビーを語り、夢を語ることになった。夜中はラグビーのビデオを何本も観た。その中には、いつのまにか鄭在鎬が部室から持ってきた関東大会の試合のものがあった。

結局、義弘たちは、好きなラグビーを途中で投げ出したくはないと思った。本当に花園に行けるかどうかはわからない。ただ、いまやめてしまえば絶対に行けないことだけは確かだった。朝高でラグビーを続けていれば、可能性はまだ残されている。兄の行けなかった花園に自分は行けるかもしれない。いや絶対に行きたい。そのためには辛いことにも耐えなければと思った。

翌日、彼らの姿はグランドにあった。みなジャージ姿にスパイクを履いていた。答えは決まっていた。

「先生、昨日よく考えたんですが、やっぱりラグビーを続けます」

梁義弘が言った。

「在鎬、お前もなんだな」

申鉉秀はうつむいていた鄭在鎬に問いかけた。

「イェ（はい）。もう一度がんばります」

「勉強のほうもあきらめるなよ。ラグビーのために勉強できなかったと言われたんじゃ、オレの立場がないからな」

「イェ！」

鄭在鎬は、大きな体をゆすって照れくさそうに笑った。笑うと太った丸い顔がさらに童顔になる。それは鄭在鎬の魅力でもあったが、この体型で顔が怖かったら、対戦相手は本当に嫌がるだろう。顔はいまさら変わり様がないし、変わらなくてもいい。もう少し走れるようになれば。それだけで頼もしい選手になれるはずである。

いずれにせよ、彼らがラグビー部に留ったことは大きな節目となった。

4　秩父宮の決勝戦

2000年、秋。第80回全国高等学校ラグビーフットボール大会の東京都予選が始まった。春季大会準優勝だった東京朝鮮高校は、シード校として11月の3回戦からの登場。かなり有利な闘いとなった。

緒戦となった3回戦は、11月5日の対玉川学園戦、57対0。次の試合の準決勝は、翌週11月12日の明大中野八王子高校、42対15。いずれも危なげなく勝ち上がった。

3年生の李永旼率いるチームの闘いを、梁義弘、鄭在鎬ら1年生たちはグランドの外で見守った。

そして11月19日、全国高等学校ラグビーフットボール大会東京都予選、決勝戦。場所は、東京青山、秩父宮ラグビー場。日本のラグビー界の聖地である。

第1地区代表は、すでにその日の第1試合で國學院久我山高校が手にしていた。伝統ある強豪校らしく試合結果は64対20、10年連続26回目の出場権だった。

東京朝鮮高校の試合は、第2地区。相手は東京高校である。

試合前、申鉉秀はロッカールームで選手たちに声をかけていた。公式戦、つまり花園への門戸が朝鮮高校に開かれて7年目の挑戦にして、ようやく最後の扉の前に辿り着いた。申鉉秀は35歳になっていた。

15人で闘うラグビーには、ポジションごとにそれぞれの役割がある。と同時にそれは、15人の選手にはそれぞれ長所と短所があることを意味していた。足の速い者、筋力の強い者、そして背の高い者、体重の重い者。ラグビーでは小さな体さえ武器になることがあるし、激しい闘志が不器用さを補うこともできる。

中鉉秀はポジション順に名前を呼んでいった。そしてひとりひとり選手の顔を見ながら、その日までの姿を思い出しては各自の長所を上げ、声をかけた。

「我慢だ。お前のねばり強さを生かせばスクラムは勝てる」

1番のプロップに声をかけた。

「大丈夫。その身長は過去の朝高の中でも抜きんでているんだ。思い切って行け」

長身のロックに自信を持たせた。

「スピードとパスの速さ。そのお前の持ち味で勝負しろ」

カギを握るスクラムハーフに期待をかけた。

「ファーストタックルで相手に突き刺され。お前のタックルなら一発で倒せる」

ディフェンスの要のセンターに言った。

どんな選手であれ必ず長所はある。高校生活のほとんどをともに過ごした選手たちだからこそ、中鉉秀にとっては15人の異なった長所をあげるのは難しいことではなかった。日頃は厳しい指導を主にする監督だったが、この日は選手ひとりにひとつずつ褒め言葉をかけることによって自信を持たせようとした。いま彼らに必要なのは自信であり、不要なものは不安だった。

一方選手たちは、自分たちの長所をしっかり見てくれていたことをうれしく思った。それまで辛いことは幾度もあった。何のためにラグビーをやっているのか疑問に思ったこともある。だが、監督のひとことひとことを聞いているうちに、ラグビーを続けていて良かったと思った。これまでの苦しみは無駄ではなかったと思った。

ひとりずつ語りかけ、最後の15番のフルバックに声をかけた後、申鉉秀は言った。

「今日は、16番としてオレもお前たちと一緒にグランドに立つ。だから試合は16人のつもりで闘ってくれ。そしてこの16番は、これまでの闘球部の全OBの代表だと思ってくれ」

もちろん監督のその言葉はハングル、ウリマルである。朝鮮高校の監督と選手は、先生と生徒の関係でもある。試合前の大事な意志の疎通もすべてがハングルだ。

東京朝鮮高校ラグビー部、いや闘球部の選手たちは、青のジャージをまとい、全員が監督の目をみつめていた。

「オレたちの時代は、花園に行けるなんて夢にも思わなかった。でもお前たちは、お前たち自身の力で行けるんだ。自信を持て。オレはお前たちを信じる。お前たちは自分を信じて闘え。仲間を信じて闘え。そしてオレやほかのOBたちの夢を現実のものにしてくれ」

「イェ（ハイ）ッー！」

ロッカールームには部員たちの声が響きわたった。部員たちの顔に浮かぶのは、闘志と、そして緊張感。すでに目頭を熱くしている者もいる。花園の芝を踏む前に、秩父宮という大舞台を踏むことになったのだ。高校生である彼らにとっては、緊張するなと言われても無理な話である。

その緊張感は申鉉秀にも伝わっていた。いや、申鉉秀自身、前日の夜から緊張感は続いていた。

決勝に進むのも初めてのこと。もちろん、聖地、秩父宮の芝に立つのも生まれて初めてのことだ。もし花園出場が実現すれば、2000年のこの年の時点では、全国にある朝鮮高校としても初の全国大会出場という快挙となる。そしてそれは充分可能性のあることであった。

またこの日を遡ること1週間前、大阪朝鮮高校の蹴球部、つまりサッカー部が初めて全国大会への出場を決めていた。ルールが違うとはいえ、兄弟校の同じフットボールのチームが全国大会に進んだという知らせは、東京朝鮮高校闘球部の選手にも大きな勇気を与えてくれた。


「永旼、落ち着いて行けよ。力を出し切れば絶対に勝てる。お前のいちばん大事な役割は何だ」

ロッカールームからグランドへ向かう通路の中で、申鉉秀はキャプテンでナンバー8の李永旼に声をかけた。

「チームをひとつにすることです」

「そうだ。お前ならできる。気持ちだけは絶対に負けるな。オレはお前と一緒にラグビーをするのを今日限りにはしたくないからな」

「イェ（ハイ）」

カチャカチャと通路にスパイクの音が響く。申鉉秀は全幅の信頼を置くキャプテンの大きな背中を見た。身長185センチ、90キロのその背中はずいぶん大きくなったと思った。単に大きくなっただけではなく、逞しさが備わっていた。

一旦試合が始まると、監督やコーチの助言が受けられないラグビーにおいて、キャプテンの果たす役割は大きい。プレーの選択、ゲームの読み、的確な指示。選手の気持ちを盛り上げるためにも、自ら先頭に立ち身を挺して闘うことも要求される。

だが、高校生チームの場合、キャプテンとはいえほかのプレーヤーと同年齢である。抜きんでた能力を持ってキャプテンシーを発揮するのは難しい。あとは、いかにチームメイトから信頼を得られるか。おそらくは、永昿のラグビーにかけるひたむきさが、仲間たちの信頼を得たのだろう。

それは同時に、監督にとっても信頼できるキャプテンであることを意味していた。


冬晴れの日曜日、青々とした芝の上を駆け回る選手たちがテレビに映し出された。その試合は生中継だった。紫を基調としたジャージの東京高校と、青一色の鮮やかなジャージをまとった東京朝鮮高校の選手たち。彼ら30人の若きラガーメンは残る1枚のキップ、花園への夢のキップを賭けて闘い始めた。キックオフは12時50分。

闘いは序盤からもつれた。青の朝鮮高校が敵陣深くに攻め入るも、紫の東京高校は固いディフェンスで朝鮮高校のミスを誘った。ボールが大きく動く試合展開には幾度となく両校応援団席から大きな歓声が上がり、バックスタンドでは右と左でそれぞれ青と紫の小旗が振られた。が、試合は両チーム無得点のまましばらく続いた。

半年前、両校は春期大会の準決勝でも接戦を演じている。もつれにもつれた試合は試合終了直前、朝鮮高校がペナルティーゴールで逆転、わずか1点差の25対24という激しい試合をものにした。ひとつのトライが5点というラグビーのゲームで、1点が勝敗を分ける試合は珍しいといえる。それでも勝利は勝利。その事実を自信に変えて闘う朝鮮高校と、惜敗の悔しさと花園経験校の意地で挑む東京高校の選手たちが、冬の日差しの中で再び激しくぶつかり合った。

両者のぎりぎりの闘いの中で、パスひとつ、キックひとつ、そしてタックルひとつに緊張感がみなぎっていた。プレーが途切れるたびにあちこちで大きな溜息が漏れる。

その均衡が崩れたのは前半25分。わずかなミスから朝鮮高校に反則が生まれた。メインスタンドから向かって左、自陣25メートル。オフサイドを宣告された。

東京高校はその位置からペナルティーゴールを狙う。一瞬静まり返った競技場の中で、蹴られたボールは放物線を描きゴールポストの間を越えた。

3点。

大きな歓声とどよめきが上がった。バックスタンドでは紫の小旗だけが揺れた。

試合はその後も緊張感が途切れることなく進み、そしてハーフタイム。長いようで短い30分が過ぎた。

3点の先制点だけでは勝敗の行方は占えない。実力に大きな差はなく、勝敗を分けるとすれば、紙一重の何かの差だろう。ましてや張りつめた緊張感の中での高校生の試合である。何が起こるかわからないめまぐるしい試合展開に、この試合の勝敗を予想するのは困難だった。それは申鉉秀にとっても同じことだった。

ハーフタイムを迎え、選手たちがグランドのはずれに集まり輪を作った。

「勝負はこれからだ。3点ならすぐ返せる」

中鉉秀は選手たちに声をかけた。

選手たちのジャージは汗にまみれている。ところどころに枯れ芝がまとわりつく者もいた。

「自分たちの力を信じろ」

中鉉秀はそれ以上あまり言葉をかけられなかった。ハーフタイムは5分という限られた時間。できれば個別に的確な指示を与えたいところだが、緊張とあせりもあり、またたくまに時間は過ぎてしまった。

後半は東京高校のキックオフから始まった。東京高校のスタンドオフが、ボールを高く蹴り上げた。

とにかく先に点が欲しい。中鉉秀は思っていた。後半先に点を取られれば、選手たちはますますあせるだろう。まずは先に点を取って気持ちを楽にさせたい。そのためにも少しでも早く敵陣に入らなければならない。だが、ハーフタイム時に選手たちにそのことを伝えたのかどうか。中鉉秀自身にはその記憶が定かではなかった。

そう思っていた矢先、キックオフからわずか1分40秒、攻め込まれた自陣でひとつの節目がやってきた。

自陣22メートルラインあたり、左サイドでマイボールのスクラムを得た。このボールを活かし早く敵陣へ行きたい。

スクラムにボールが投入された。両チームがひとつのボールを真ん中に押し合った。

その瞬間、中鉉秀は声を出した。

「危ない！」

東京高校の力のこもったスクラムに、朝鮮高校の3番、右プロップが宙に浮かされた。相手の強さに背中が丸まり、完全に両足が宙に浮いてしまったのである。

もともとスクラムの中でも3番はもっとも体格と体力を要求されるポジションだが、この時の3番は2年生だった。同じポジションにはスクラムの強い3年生がいたが、この日は不調を理由に3年生をリザーブに、2年生を先発で起用していた。

一方の東京高校としては、この場面で相手を釘付けにし、敵陣で闘いたいと思っていたのだろう。スクラムで強いプレーッシャーをかけてきた。

東京高校のフォワード平均体重86キロ。朝鮮高校は80・5キロ。スクラムの差が、この時歴然と現れた。

レフリーはスクラムがしっかり組まれなかったとして、スクラムの再開を命じた。が、その後もスクラムはうまく組めないでいた。二度、三度と組み直しその度にレフリーの笛が鳴った。

「スクラム・アゲイン」

四度目のスクラムが宣せられる。すでに最初のスクラムから1分以上が過ぎていた。

中鉉秀は、時間のかかりすぎに不安を感じた。スクラムの劣性を見せつけられるほど、選手たちはあせりを感じるのではないか。自信を失うのではないか。耐えてくれ。そして一刻も早くボールを出してくれ。

四度目のスクラムが開始され、朝鮮高校のスクラムハーフがボールを入れた。

瞬間、前に押した東京高校フォワードがボールを奪った。

「あっ！」

申鉉秀は腕組みのまま思わず顔を歪め、体を捩《よじ》った。恐れていたことが起きた。

そのボールは瞬く間に東京高校のバックスへ。慌てた朝鮮高校のバックスも、それまでのオフェンスラインからディフェンスのためにと一気に前へ飛び出す。が、その勢いをかわすかのように、ボールを持ったスタンドオフは相手に捕まることなくするりとディフェンスラインの裏へと抜けた。そして左に走り込んできた味方のセンターに絶妙のパス。ボールを受けた選手はそのままゴールポストの左に飛び込んだ。トライだった。両チーム通じての初トライである。

紫の小旗を持った応援団はもちろん、ジャージをまとった選手たちも全身で喜びを表した。朝鮮高校の選手たちは、その喜びの姿を茫然と見つめていた。茫然としたのは申鉉秀も同じだった。

マイボールのスクラムが何故取られたのか。自分たちのミスか、それともやはりそれは相手の強さか。

まずは後半の先制点をと念じていたが、逆に相手に得点を許してしまった。

ほぼゴール正面だったゴールキックも決まり7点の追加。10対0と引き離された。時計は後半4分になろうとしていた。

「攻めろ。攻め続けるんだ。時間はまだまだある」

申鉉秀はグランドの中に声をかけた。

その声が何人の選手の耳に届いているかわからない。それでも声をかけずにはいられなかった。

実際に10点差を残り25分で逆転することは充分可能だった。

そしてチャンスは直後に訪れた。後半8分。敵陣ゴール前10メートルの好位置で朝鮮高校ボールのラインアウトを得た。

その時、キャプテンの永旼はサインを出した。これまで何度も練習してきた例のサイン……。

2番のフッカーがラインの外からボールを投げ入れた。4番のジャンパーが前後のサポートを受けながら高い位置できれいにキャッチ。その瞬間、ボールは再び2番に戻された。相手の意表をつくサインプレーだった。

ボールを受けた2番は、慌てた相手のフッカーをかわしてそのままタッチラインに沿って駆け抜ける。それを捕まえようとする東京高校の選手たち。ゴールライン直前、ボールをもった2番は相手のディフェンダー3人に囲まれるように捕らえられた。が、ボールは奪われることなく相手を引きずるようにインゴールに倒れ込んだ。

「トライ！」

笛が鳴った。

サインプレーが決まった。予想以上の結果だった。

しかもトライ後の難しいゴールキックも決めた。キッカーは、ウィングの任泰孝（イム・テヒョ）だった。任泰孝はチームではしばらくリザーブだったが、この日は先発で起用されていた。

トライがタッチラインに近かったため、角度、距離とも高校生にとってはかなり難しいキックだった。

2点を追加し、7対10。ワントライで逆転できる得点差である。

しかし、そこまでだった――。

試合はめまぐるしく展開、互いに何度かチャンスを得ながらも決定的なトライに結びつかなかった。結局後半20分過ぎ、東京高校がペナルティーゴールの3点を追加しただけで、最終的に7対13で試合はノーサイドを迎えた。6点差は、ワンチャンスで勝敗をひっくり返せる差だった。が、負けは負けである。花園への道は閉ざされた。

申鉉秀は、試合の終了を知りながらも頭の中には何も浮かばないでいた。

終わったのか。負けたのか。

しばらくは茫然と選手たちを眺めていた。

見ると、選手のほとんどが泣いている。特にキャプテンの永旼の姿が目に映った。永旼は大きな体を震わせ、声を上げながら泣いていた。人目をはばかることもなく号泣していた。

永旼のその姿を見ながらも、教え子の泣き声を耳にしながらも、申鉉秀は何もできずにいた。慰めの言葉ひとつかけられない。

その時、ふと我に返った。新聞記者はじめマスコミ関係者が自分の周りを取り囲み始めたのである。それまで何度か取材を受けたことはあったが、これほど多くの記者に囲まれたのは初めてだった。

前週の大阪朝鮮高校サッカー部の全国大会出場のこともあったのだろう。朝鮮高校ラグビー部初の花園出場のかかった試合は、単にスポーツのニュースの枠を越え広く関心を持たれていた。そのため敗戦校にもかかわらず、通常より多くの記者が監督の前に群がった。敗者の前に質問が次々と飛んだ。しかし申鉉秀自身、何と答えたかよく覚えていない。ただ、語るうちに自然と涙があふれてきた。

するとと記者のひとりが質問した。

「監督、その涙の意味は？」

申鉉秀は、あふれる涙を拭いながら答えた。

「……負けた悔しさなのでしょう」

しかし、その涙の意味を知りたいのは自分自身だと思った。

申鉉秀自身、勝とうが負けようが涙が出るとは思ってもいなかった。勝てばうれし涙なのか。負ければ悔し涙なのか。そんな涙が出るものなのか。

勝負ごとで勝ち負けが決まるのは当たり前ではないか。これまでラグビーの試合で何度も勝ってきたし、何度も負けてきた。

だが涙が出ることはただの一度もなかった。自ら流した涙に、申鉉秀自身戸惑いを覚えた。

ふと見ると、観客席でも涙を流す一団があった。この日、グランドに立つことなく、制服のままスタンドから応援をしていた1年生部員たちである。

梁義弘が厳しい顔でグランドを見つめていた。鄭在鎬が下を向き涙を拭っている。康智勇も、ほかの1年生も、一度も秩父宮の芝に立つことなく、ただ試合を見ていただけなのに皆が涙を流している。

ラグビーを始めてまだ1年も経っていない彼らが涙を流している。

何故泣くんだ、お前たちは。

まだあどけなさが残る少年たちに問いかけたかった。

そして、何故オレは涙を流しているんだ。

申鉉秀はその涙のわけを知ろうとした。

それが花園なのか。

花園という〝夢〟が、生徒たちに、そしてオレに涙を流させるのか。

東京都予選決勝という〝夢〟の扉の前に初めて立ったこの日、申鉉秀は涙ながらに思った。

冷え込んできた秩父宮では、部員たちの涙がしばらく続いていた――。

第6章
取り組み

朝鮮高校にハンディがあるのは当たり前なんです。
ラグビー部ということに限らず、学校にはいろんな意味で
ハンディがある。それでいいとは言いませんけど、
すべてが日本の高校と同じ条件になるというのは難しいでしょう。
でも、朝鮮高校には、朝鮮高校なりのやり方があるはずだし、
個性を生かしてそれなりの工夫をすればいい。
そうしてこそ自分たちのためになるんであって、
なんでもかんでもほかと同じをねだっても意味がないでしょう。
だいいち、みんなが同じ条件で闘うラグビーなんて、
面白くないじゃないですか。私たちには私たちのやり方と、
そして誇りがありますから。
そうした誇りを持って闘えば何らかの結果が出ると信じてます。

決勝に進出したチームのキャプテンだった
李永旼のほか何人かはラグビー推薦で
日本の大学に進学して行きました。
もちろん東京朝高ラグビー部始まって以来のことです。
自分たちは日本人ではなく在日朝鮮人なんです。
でも、その在日朝鮮人が、日本で在日朝鮮人として
堂々と生きていければ
それはいいことじゃないですか

1　春合宿

２００1年春。

新しい年度が始まった。前年秩父宮を踏んだ3年生は卒業していった。その時のキャプテン、李永旼の進路先は山梨学院大学だった。ほかにも同級生ひとりが同大学へ、そしていまひとりが流通経済大学へと進学した。ふたりともスピードのあるバックスの選手だった。

個人の能力の高さはもちろんあるが、やはり前年東京都予選の決勝へと駒を進めたという実績は大きかった。どれほど能力が高くても、日の目を見なければ評価されることも、試されることもなかっただろう。

彼らが進学した大学は、いずれも新進のラグビー強豪校だった。山梨学院大学は関東大学リーグ戦2部の上位校、流通経済大学は1部の下位校である。

特に山梨学院大学の監督、松澤友久は、ラグビー界、特に高校ラグビー界では名の知れた存在だった。松澤は、以前神奈川県の県立相模台工業高校を率い、花園で全国優勝2連覇を成し遂げていた名監督だった。県立高校という悪条件、しかも強豪ひしめく神奈川県でその快挙である。松澤は同校を定年後、郷里である山梨に帰り山梨学院大学の監督を務めていたのだった。高校ラグビーの世界では、まったくの新参者である申鉉秀からすれば、まさに雲の上のような存在だったが、松澤は、申鉉秀に対し「いい選手がいたらどんどん紹介してよ」と、気さくに声をかけてくれたのだった。申鉉秀にとっては驚くべきことだったが、同時に朝鮮高校でも分け隔てなく接してくれるその態度をうれしく思った。

後のことであるが、李永旼は山梨学院大学2年時にロックとしてレギュラーポジションを取る。そしてその年2002年度、山梨学院大学はリーグ戦の入れ替え戦で専修大学を破り1部への昇格を決めるのだが、その試合で李永旼は先発フォワード8人中の唯一の2年生となる。ほかは全員が4年生だった。大学入学後もひたむきさはかわらず、身体の大きさも一回り以上たくましくなっていた。

実は、大学に限らずラグビー界には意外と在日コリアンが多い。ラグビーの場合、サッカーと違い国の代表になるためには国籍の条件がないため、ナショナルチームの〝ジャパン〟代表や、高校日本代表になった在日の選手も多くいる。中には本名で活躍する選手もいるが、多くが日本名、いわゆる通称名である。

日本でも、特にラグビーが盛んな地として知られるのは大阪、特に花園ラグビー場の位置する東大阪一帯である。実は、現在大阪朝鮮高校があるのはその東大阪市。そしてすぐ近隣には、日本でももっとも在日コリアンが多く住む大阪市生野区がある。余談ながら、朝鮮高校に日本の大会への門戸が開かれる以前は、大阪朝鮮高校は、花園にもっとも近くて遠い高校と言われていた。

そうした地理的な偶然もあるのだろうが、その地でラグビーをはじめ、そのまま有名校から企業、そしてジャパンと、ラグビーを続ける在日ラガーマンが何人かいるのだ。ある花園常連校の監督曰く、キャプテンに向いているのは日本人より在日の子だという。どちらかというと協調性を求める日本人よりは、自己主張の激しいその民族性なのかもしれない。実際、同校のキャプテンを務め、そのまま大学の名門校でキャプテンを務めたという例もある。もちろんキャプテンに限らず、選手として活躍する選手も大阪ではかなりの数にのぼるのである。

例えば、ラグビーの盛んな大阪からは全国大会への参加枠が3つあるのだが、最近のある年の大阪代表3校の中には、本名で登場している選手が3名。ほか通名で登場している選手が最低でも2名で、そのうち、2名は高校ジャパンに選ばれている。

しかもその年の全国優勝校となったチームのゲームキャプテン（キャプテン代行）が在日の選手であった。

仮にそういった選手たちが大阪朝鮮高校に進学してくれれば、チームの実力も上がるのだろうが、やはり朝鮮高校に送れないのはそれなりの事情がある。もちろん、第一には朝鮮高校の教育方針の問題だろう。しかし、それとは別に、ラグビーをする上での問題がある。まずは、伝統のない朝鮮高校に進学させても、花園に行けるチャンスが少ない。花園に行けなければ、さらに上位の大学に進学することも難しくなる。いくら個人の能力が高くても、より強いチームに所属し、さらに花園でアピール——関係者の目にとまらなければ、上位の大学には進めないのである。

実際、東京朝高の李永昛が日本の大学へ進学できたのもチームの実績である。弱いチームの戦績のままでは将来が望めないのだ。例えば、早稲田大学の推薦枠の場合、全国大会での上位何チームに入らなければならないなど、名門チームに推薦で入るにはいくつかの条件がある。

もちろん、一般受験で入学すればいいのだが、朝鮮高校に通いながら、ラグビー部の練習を続け、さらに学校の授業以外の受験勉強をしながら早稲田大学を受験するとなれば、かなりの努力を要するだろう。仮に将来早稲田大学でラグビーをやりたい、さらにはその上の企業で続けたいと思えば、朝鮮高校への入学は選択肢からはずされることになる。

それでも、朝鮮高校出身者が本名でラグビー強豪校に進学できるようになったというのは、ひとつの時代の変化の現れでもある。

李永旼たちが卒業した後、新チームの春合宿が行なわれた。

場所は茨城県の波崎。太平洋岸、鹿島灘に面する臨海の工場地帯であるその町は、近隣の鹿島市の影響で、近年サッカータウンとして発展してきた町である。町の中には芝のグランドが点在し、週末ともなると近県よりサッカー愛好者が集まる。

この波崎までの移動のバスの運転をしてくれたのは、朝高ＯＢのひとりでもある任吉行（イム・キルヘン）だった。

波崎に限らず、いまでは菅平へのバス移動や、大阪への遠征など遠方への移動の運転はいつも任吉行がひとりで行なう。埼玉県に住む任吉行だが、実はその超大型バスのオーナーでもある。個人でそのバスを購入し、朝高ラグビー部の移動のために無償で提供、しかも自ら運転を買って出てくれているのだ。

１９６０年代末に東京朝高を卒業した任吉行は、ご多分に漏れず大のサッカー好きだった。自分はグランドでより、学校の外で〝暴れる〟ことのほうが多かったが、典型的な在日朝鮮人のサッカーファンである。が、自分の息子が朝高のラグビー部に入ったことをきっかけにラグビーファンに転身した。問題を抱えていた息子がラグビーを通し立ち直ったということが一番の理由だが、任吉行自身、ラグビーの試合を見るにつれその魅力にとりつかれていったのである。

「サッカーより、ラグビーのほうが熱くなるよ。もう朝高サッカー部は帝京にも勝てないんだから、みんなラグビーやればいいんだ、ラグビー」

当時の無敵の朝高サッカー部を知るだけに、任吉行にとってはサッカー部のふがいなさが目につくのだ。当時の朝高サッカー部は、帝京に得点を入れられただけで大問題だった。3対0で勝って当たり前、4対1で〝勝って〟も、その後の厳しい練習が待っていた。

任吉行の息子、任泰孝は、前年の李永旼と同期で、バックスの選手として活躍していた。特にプレースキックに安定感があり、秩父宮での決勝戦では、タッチライン間近からの難しいゴールキックを決めたその選手だ。

その試合は7対13と6点差で負けたのだが、たとえどの位置でもトライひとつ取れれば、任泰孝のキックで逆転できるだろうと申鉉秀は思っていた。結局その願いはかなわず、任泰孝たちのチームは花園へ行くことはできなかったのだが。

「先生、息子は行けなかったけど、ほかの子たちが花園に行けるまでは手伝いますよ」

父、任吉行は、そういって息子の卒業後もバスの運転を買って出てくれたのだ。

「それは助かります。でも、泰孝がいないのに本当にいいんですか」

「息子のためじゃないよ。昔は俺も学校にいろいろお世話になったんだから。できることは恩返ししなくちゃ」

ガソリン代や高速代はチームで負担するものの、バスのチャーター代や運転に対する報酬はいらないという。

申鉉秀にとっては、まさに頭が下がる思いである。しかし、こういった朝高ＯＢがいてこそ、学校が支えられているのだと改めて実感するのだった。

2 新任教師

申鉉秀は、春休み期間の強化のため2年前からその地を合宿の場所に選んでいた。参加するのは4月からの新3年生と梁義弘ら新2年生の2学年のみ。

その合宿にひとりの〝新人〟が参加した。

「みんなも知ってるな。改めて紹介する。ＯＢのひとりであり、今春朝鮮大学を卒業する呉昇哲（オ・スンチョル）先生だ」

合宿初日。芝のグランドでの練習を前に、申鉉秀はいかにもラグビー経験者らしいがっちりとした体躯の青年を紹介した。

「呉昇哲先生は、この春合宿からラグビー部に参加することになった。わからないことがあったらこの先輩にいろいろと聞いてくれ」

呉昇哲は朝鮮大学を卒業し、4月から東京朝高への赴任が決まっていた。申鉉秀の教え子のひとりであり、担任を務めたこともある。呉昇哲の赴任は本人の希望だったが、申鉉秀の強い要請もあった。

呉昇哲が朝高ラグビー部に入部した年、1994年は、東京朝鮮高校が初めて日本の公式戦に参加した年だった。秋の花園予選で久我山に準々決勝で敗れた年である。翌95年は、同じく準々決勝で目黒高校に15対18、1ペナルティーゴール差で敗れた。

そして呉昇哲がキャプテンを務めた96年、東京朝鮮高校は初めて準決勝進出を果たした。結果は東京高校に20対25で敗れはしたが、確実に力をつけてきた時代だった。

しかも呉昇哲は、ラグビー部のキャプテンとしてばかりでなく、朝鮮高校学生委員会委員長、つまりは生徒会長として活躍する優秀な生徒だった。ラグビー部で委員長を務めた初の人物である。

荒川の〈第1〉出身の呉昇哲もまた、中学まではサッカー部だった。サッカー選手としてもかなり優れたプレーヤーだったが、ラグビーへ転向したきっかけは、北朝鮮、〝祖国〟への初訪問である。

学業も優秀だった呉昇哲は、中学生の時、およそ1ヶ月間を北朝鮮で過ごした。全国の朝鮮学校の生徒の中でも優秀な生徒が集められての学習会参加のためだった。学習とはいえ、朝鮮の歴史や文化、そして北朝鮮各地の名所などを実際に見学して回るというものである。巷では、北朝鮮に学生が行くことに対して、何やら怪しげな学習を想像をする向きもあるが、実際には特別なことではない。重要だとすれば、実際に現地を目で見て、肌で感じるという体験によって何かを学んで欲しいというものである。

宿舎はホテル。当然食事も朝昼晩と定時に、しかもたくさん出された。もともと朝鮮半島の風習では、客人に食事をご馳走するというのが歓迎の証しである。ちょっとしたあいさつとして「食事はしたか」という言葉があるほど、朝鮮半島の人にとって食事は大事な歓談のひとときである。

サッカーで慣らしたスポーツマン。呉昇哲は、出される食事はどんどんたいらげた。だが、食べるたびに次から次へと出てくる。

「どんどん食べて下さい」とホテルの女性従業員は、笑顔でおかわりを持ってくるのだ。そのたびに残しては失礼かと満腹になるまで食べた。

そんなことが毎食続く上、日本では毎日のようにやっていたサッカーもできなかった。日本に帰ってみると、体重が10キロも増えていた。

呉昇哲が朝鮮半島の風習をさらに詳しく知るのは日本に帰ってからである。

朝鮮での食事の接待は、とにかく食べられなくなるまでご馳走を出すのが美徳なのである。逆に客人は、食事を終えたい時は皿に少しだけ残す。それは、私はもうお腹がいっぱいで食べられませんという証なのだ。

残さずすべてを食べたということは、さらにまだ食べられるということであり、招いた側はさらに食事を出すことになる。たくさん出すことは招いた側の喜びであり、特に大食漢は男として逞《たくま》しいと思われるのだ。

一日三食、食べきれないまでお腹に詰め込んだ結果が、10キロの体重増だったのである。

結局、体重が増えた呉昇哲は、高校入学後新たなスポーツ、ラグビーと出会った。申鉉秀がたまたま担任だったということがそのきっかけだったが、呉昇哲はラグビーと出会い、すっかりその魅力にとりつかれてしまった。

サッカーと違い、ボールを持ってる選手を思い切りタックルできるというのが、呉昇哲の本能を呼び覚ましたようである。その後、朝大でもラグビーに打ち込み、ウェイトトレーニングに励みさらに体重を増やした。かといって、大学時代にも勉強をおろそかにすることはなかった。

初めての〝祖国訪問〟時、呉昇哲は初めて叔父とその家族に会った。1960年代に帰国船に乗って帰った親類である。

自分との初めての邂逅をとても喜んでくれ、自分自身も海を隔て住む親類に深い情が湧いた。叔父の家を訪ね、数日をともに過ごしてみて、自分たちが身近な親戚であることをさらに実感した。

だが、叔父の一家は必ずしも元気に暮らしているという印象はなかった。現在の日本に比べれば経済的にも厳しい状況に置かれているだろうことは呉昇哲にもわかった。

決して贅沢はできないが、日本での自分たちの生活のほうが恵まれているだろう。もしこの叔父が帰国船に乗らなければ、また違う人生を歩んでいたのだろうと思った。

だが、その叔父は言った。

「自分の足で船に乗ったんだ。後悔はしていない。後悔をして、人のことを羨むばかりになったら、それはいつまでたっても不幸せな人生だよ」

確かにその通りかもしれない。叔父には叔父の人生がある。父には父の人生がある。

父も叔父も、昔は在日朝鮮人としてずいぶん苦労をしてきたという。自分自身は、父ほどの差別や苦労を体験してないが、かつての苦労話を父に聞くたびに、日本と朝鮮半島の哀しみの歴史を知らされた。

自分自身にその体験はないが、かつての60年代の苦労は、父と叔父に決断を迫らせたのだろう。

日本で〝異邦人〟として暮らすか、祖国に帰って苦労するか。その岐路を分けたのは、ほんの些細なことだったという。だが、自分の将来を正確に占うことなど誰にできようか。

「ただ、いつどこで暮らしていようと、兄弟や親戚であることにかわりはないよ」

叔父の言う言葉に、やはり自分は朝鮮人なのだということを改めて感じた。叔父の家族とは親類として、同じ同胞として生きたいと思った。自分は朝鮮人として、在日朝鮮人として生きていきたい。

日本に住む在日朝鮮人が、朝鮮人であるという自覚を持つには、やはり民族教育であることも痛感した。日本の社会の中で日本人に囲まれて過ごすほど、朝鮮人としての意識は薄れる。呉昇哲はそう確信したのである。

現地でその地に暮らす人と会い、語らい、その目で多くを見て、体験することによって人の心が動かされることが〝洗脳〟というなら、それも〝洗脳〟だろう。

だが例え誰にそう思われようと、呉昇哲に強い民族心が芽生えたのは事実だった。

思えば、自分が高校の教師になろうと思ったのもその時かもしれない。自分自身が朝鮮人であろうとすると同時に、朝鮮高校の教師として、ひとりでも多くの在日の仲間を増やしたい、と。

そして今は、在日のラガーマン、自分の民族を誇りに思い、本名で堂々と活躍できる選手をひとりでも多く育てたいと思っている。

「昇哲、これからよろしく頼むな。ひとことみんなに挨拶してくれ」

申鉉秀に言われ、呉昇哲は生徒に向き直った。

「呉昇哲です。自分は東京朝高のラグビー部の一員として、みんなと全国大会に参加したいと思います。必ずいっしょに花園に行きましょう」


申鉉秀、呉昇哲の指導のもと、新チームの春合宿が始まった。

春合宿は、新チームつまり新しいレギュラーを選ぶ上では大事な合宿である。最上級生が卒業したいま、新2年生からも何人かがレギュラーに抜擢されるはずだ。

まず申鉉秀が注目したのは梁義弘だった。それまでの1年間、ウェイトトレーニングに積極的に取り組んだ結果が現れていた。入学当初に比べ、すでに10キロ以上体重が増えていたのである。フォワードプレーヤーとしては、頼もしい体つきになってきた。

「義弘、筋トレは真面目にやってるようだな。ずいぶんと筋肉がついてきたじゃないか」

義弘の逞しくなった体を見て申鉉秀が声をかけた。先輩たちに当たっても、決して力負けしていなかった。

「でも先生、ちょっと足が遅くなってしまったみたいで」

増量の分、確かに梁義弘は足が遅くなっていた。ただもともとかなり速いほうだったため、フォワード選手として充分な速さは維持していた。

「お前のスピードなら問題はないよ。ただ、スタミナは落とすなよ。フランカーはいちばん走らなければならないからな」

使うなら兄と同じフランカーだろう。

ほかに期待されたのは、長身の朴統輝だった。１８２センチ、90キロの体は、小さな朝高チームのフォワードの中ではロックとして期待できる。朴統輝は、梁義弘ほどうまく筋肉がつかずに苦労していたが、まだ時間はある。順調に伸びれば早いうちに試合に出せるだろう。フォワードのパワープレーで五分《ごぶ》。勝てないまでも、負けないフォワードを作れば、新チームはスピードとスタミナでどうにか勝負ができるはずだ。問題はフォワードをどう組み立てるか。そして、そのカギとなるのは鄭在鎬だった。

鄭在鎬が〝ミスタープロップ〟として試合で活躍できれば……。

だが、見ると鄭在鎬はあいもかわらずグランドで腰に手を当て小首を傾げている。

「走れ！　休むな在鎬！」

言われて在鎬はボールを追って慌てて走り出した。いくら慌ててもそのスピードはあいかわらず遅かった。

この合宿ではたして体重が落ちるのだろうか。申鉉秀は少し不安になった。

合宿での食事は生徒にとっての楽しみである。練習を終えた彼らの食欲は、合宿所となる旅館の主を驚かせるほどだった。

合宿前、申鉉秀は旅館にはこう伝えてあった。

「生徒の食べる量はハンパじゃないですから、食事だけは大目に用意しておいて下さい」

だが旅館の主は、自信ありげに言った。

「うちは慣れてるから大丈夫ですよ。任せておいて下さい」

もともと波崎は工場地帯のため、旅館は長期滞在の工場労働者を相手にすることが多かった。最近ではサッカーチームも積極的に受け入れている。食事の量は常に多いというのだ。

確かに旅館の食堂には、そこを利用する各高校や大学サッカー部の記念写真が飾られていた。

しかし、旅館の主の自信は初日の夕食の時にもろくも崩れ去った。

大きめのとんかつ、煮魚を中心に、山盛りのサラダ、煮物などテーブルの上にはそれこそ乗りきらないほどにおかずが並んだ。通常の旅館の食事を考えれば確かに多い。御飯も自由におかわりができるようにと大きなジャーが用意されている。

おまけに各テーブルには自分たちで持ち込んだ山盛りのキムチも並んでいた。朝高の合宿時にキムチは欠かせないものであり、最近では同じ宿舎の日本の高校に差し入れることもある。たいがいは大喜びで貰ってくれ、それがいい交流の機会にもなっている。

しかし、中鉉秀はその食事の量に一瞬不安がよぎった。

「おい、昇哲。それで足りるかな?」

「うーん、どうでしょうかね。まあボクは我慢はしますけど」

新任の呉昇哲自身も大食いである。体重は90キロを越えている。

「仕方ない。後でマネージャーとコンビニで夜食を大目に買ってきてくれるか」

「わかりました」

しかし、コンビニに走ったのは呉昇哲ではなく旅館の主だった。

食事が始まるや、テーブルの上のおかずがみるみる消えていった。おまけに、おひつを巡っては争いが始まった。

「バカ、早くしろよ」

「あ、押すな、こぼれる」

生徒たちは競うように茶碗に御飯を山盛りにしていく。それは〝盛る〟というより〝詰める〟という感じだった。ヘラで茶碗に御飯を詰め込み、さらに上に積み重ねていくのである。その重なった様は、茶碗の3、4倍の高さがある。あっという間にジャーの御飯が底をついてしまった。

「え!? もうないんですか? いつもより大目に炊いていたのに……」

旅館の主は驚いた。いつもより大目と言っても、それは所詮サッカー部より、ということである。

しばらくして、主はコンビニの袋いっぱいのおにぎりを抱えてきて言った。

「いやあ、先生すみません。これで勘弁して下さい」

申鉉秀は、そのおにぎりをありがたく頂戴した。

3　ボールの〝横取り〟

その合宿に申鉉秀はひとつのテーマを持って臨んでいた。それは〝下のボールへの働きかけ〟である。

世界でも特にラグビーが盛んな地域は、ラグビーの発祥国イングランドを中心とした北半球と、ラグビーを国技とするニュージーランド、そしてオーストラリア、南アフリカの南半球の3ヶ国である。

その南半球では、毎年2月から5月にかけて『スーパー12』（後の『スーパー14』）というプロのリーグ戦が行なわれている。

申鉉秀はその試合をビデオなどを通しよく目にしていたが、その頃気になったのは、寝ている――倒れているプレーヤーに対して厳しく吹かれる笛だった。

「ずいぶんと早く吹くなあ。これじゃ反則ばっかりだな」

あまりの早さに、ゲームの流れさえ違って見えた。

実は、この『スーパー12』の試合はその年の世界のラグビーに影響を及ぼす。それは、〝ルール解釈〟の問題だ。

ラグビーがほかのスポーツと異なる点のひとつに、毎年のようにルール改正が行なわれることがあげられる。ともすれば、それが「ラグビーのルールは難しい」と言われる所以だが、もともと〝祭りごと〟を楽しもうと生まれたラグビーは、少しでもゲームを面白く、かつ安全にしようとルールが見直されるのである。そもそもラグビーのルールは、本来英語では「ルール」と言わず「ロー」と言う、つまり「法」である。「規則（ルール）」によって、ラグビーのプレーを規定するのではなく、あくまでプレーの規範となる「法」を定めるに留まっているのだ。そのため、レフリーによってその解釈も変わることもあるし、グランドではしばしば「法」に定められてないことが起こりうる。

ラグビーは、両手両足を含め全身を自由に使い、自由に動かすことのできるゲームである。実は、この一見当たり前なことを許されているスポーツは意外と少ない。

スポーツは大きく、球技、格闘技、記録競技に分けられる。

記録競技とは各陸上競技を含め、スキー、水泳など距離や速さを競うもの、体操、フィギアスケートなど演技を競うもの、さらにはゴルフ、アーチェリーなど特定の記録を競うものなどである。全身を動かすものが多いが、禁じられている、あるいは起こり得ないのはコンタクト、つまり肉体のぶつかり合いである。

格闘技の場合、そのぶつかり合いが主ではあるが、ボクシングや空手、柔道のように攻撃の方法や攻撃場所が限定されている場合が多く、技の多さで知られる相撲は、あらゆる動きが許されるが、唯一倒れること（及び髷を引っ張ること）は許されていない。当然倒れれば負けである。そして決定的なのは、ほかの格闘技同様、走らない――走るスペースがない。

球技は、フットボールタイプ（ゴールがあるもの）と、テニスタイプ（ネットで分けられるもの）、そしてクリケットタイプ（主に野球）に三分されるが、テニスタイプには一切コンタクトがなく、野球の場合も基本的にコンタクトはない。あるのは唯一ホームベース上でのクロスプレーくらいか。

フットボールタイプは、手が使えないサッカーやホッケー（スティックの義務）、3歩以上歩けないバスケットボールやハンドボール等、動きに規制が多いのだ。

ラグビーを発祥としたアメリカンフットボールは、動きそのものはかなり自由であるが、防具を着けていること、攻守の入れ替えがある他、キックの専門家等、ポジションによって動きが変わっていること、そして相撲同様倒れればおしまいという点では、制限があるといえるだろう。

さて、ラグビー。ラグビーのルールは一見難しそうだが、禁止されていことを究極的にいえば、危険行為、オフサイド（狡い行為を含む）、ボールを前へ投げる（スローフォワード）の3つだけなのである。

危険行為とは、拳で相手を殴る、顔面を踏む、空中にいる相手へのタックル等、当たり前といえば当たり前の危険なことで、ほかのスポーツでもこのような行為は原則的に認められていない。

オフサイドは細かくはいくつかの状況に分けられるが、要は陣地の相手側からのボールを奪うという〝卑怯な〟行為のこと。違反となるのは相手側に位置することであって、身体の動きが制限されるものでなない。

そして最後はご存知スローフォワード——前にボールを投げること。これも広義で言えば、相手側にいる選手にボールを運ぶという〝卑怯な〟行為ということであり、仮に身体が後ろ向きであれば、自分にとって前（自陣側）に投げることに何の問題もない。

以上の3点さえ注意すれば、身体のあらゆる部分を自由に使って、どんなことをしても許されるのがラグビーなのである。

ラグビーは、選手がいったんボールを持てば蹴る、投げる（パスする）、走る、当たるというあらゆることが許され、１００メートル走ることも、手の平であれば相手の顔面を叩く

（ハンドオフ）ことさえ可能なのだ。逆に捕まえるほうも首から上という危険な場所でなければ、どこを捕まえようが、倒そうが自由である。また、倒れたとしても相手の邪魔――卑怯なことをせずすぐに立ち上がればプレーを再開できる。

　つまりラグビーは、人間の本能による身体の動きをほとんど規制することなく動きまわれるスポーツなのである。そのため、ほかのスポーツ経験者が初めてラグビーに接した場合、大きな興奮を覚えることがある。例えばサッカー経験者は、手が使えるのはもちろん、身体を思い切りぶつけられることに。バスケット経験者は、ボールを持って止まる必要がなくなることや、広いスペースを思い切り走れることなどに。もちろん、ルールがあることによって生まれるほかのスポーツの面白味を否定するつもりはないが、〝自由に暴れていい〟といわれるラグビーには、ほかのスポーツにはない快感がある。

「ルールよりゲーム」。ラグビーを語る場合、よく使われる言葉だ。他の球技の多くがルールが先に考案され、それにプレーヤーが合わせるというスポーツなのに対し、ラグビーは〝村の祭り〟を発祥とするため、もともと村人が勝手きままにやっていた中で、危険である行為を排除し、より楽しくするためにルール――ローを補足してきたのである。

　それは例えば、日本各地にあるいわゆる〝喧嘩祭り〟を想像してもらえばわかると思う。祭りに危険防止のための取り決めが生まれることはあっても、決め事を明文化した上で始まったお祭りはないだろう。

　いまでこそラグビーは15人制という人数制であるが、そのことが決まった19世紀末以前の、イギリスのパブリックスクールで行なわれていたラグビーには人数制はなく、寮対抗や学年別対抗という試合のため、人数にも大幅なかたよりがあった――ちなみに日本では、「ラグビーは、サッカーの試合中にエリス少年が興奮してボールを手で扱ったのが起源」と言われるが、実はそうではない。

つまり、ラグビーのそういった特色から毎年のようにルール改正が行なわれるのである。その見直しは、北半球に本部のあるＩＲＢ（インターナショナル・ラグビー・ボード）で決定されるのだが、ラグビーの本格シーズンである冬の到来が早い南半球で行なわれる『スーパー12』は、その〝実験場〟という意味合いを持っていた。

北半球に位置する日本も本格シーズンの始まりは9月。そのため『スーパー12』のレフリングがその年の日本のシーズンに影響することが多いのである。

申鉉秀はそのレフリングに注目した。

本来、ラグビーは立ってプレーをするゲームである。しかし日本では、倒れながらボールを奪い合うことが、互いの選手及びレフリーの〝黙認〟のもとにたびたび行なわれていた。

だが、申鉉秀の見た試合は、まったく違っていた。

「これじゃ、倒れたらおしまいだな」

倒れながらプレーした選手に対して、間髪なく笛が吹かれるのである。それは〈ノット・リリース・ザ・ボール〉、つまり〝ボールを離さない〟という反則だった。

その頃、ひとりのラグビー部ＯＢが学校を訪ねてきた。梁義弘の兄、梁義基である。すでに朝鮮大学を中退し、オーストラリアに留学していた梁義基は、休暇を利用して日本に帰ってきたのだった。

申鉉秀は、一段と逞しくなった教え子の土産話に耳を傾けながら、互いにラグビーについて語りあった。

そんな中で、申鉉秀は梁義基に聞いた。

「ところで、南半球では最近〈ノット・リリース・ザ・ボール〉について厳しいようだが、どうなんだ」

「そうですね、ノット・リリースに限らないですけど、あっちはとにかく立ってプレーしないとだめですね。もし倒れても、すぐに立ち上がってプレーしますよ。倒れてプレーすれば踏まれちゃうこともありますし、踏まれても自分が悪いから文句も言いません。そこは日本との大きな違いでしたね。もう立つ意識が全然違うんですよ」

「立ってプレーするための練習っていうのもあるのか」

「立つかどうかは意識の問題ですけど、タックルされたプレーヤーに対しての働きかけの練習はしますよ」

「今度、ちょっと生徒たちにそれを教えてくれないか」

「もちろんいいですよ」

梁義基自身、オーストラリアでそういった練習を続けていたという。

梁義基は、弟の義弘を中心にいろいろな技術を教えてくれた。その技術を一段とレベルアップしようというのが、この春の合宿のテーマだった。

ラグビーの華のひとつはタックルである。

しかし、申鉉秀の取り入れた新しい練習は、タックルで相手を倒すだけではなく、倒した後にいかにボールを奪うかに重点がおかれた。

タックルで相手を倒す。すぐさま起きあがる。あるいは、ひとりが相手を倒した瞬間、ふたり目が立ったままボールを奪う。もし倒された相手がボールを離さなければ、即座に反則として罰せられるはずである。

「もっと速く！」

「絶対倒れるな！」

「ボールに絡め、ボールに！」

申鉉秀の声が春のグランドに響いた。

こぼれたボールに対しては素早くセービングをして立ち上がる。できる限り倒れない。しかし倒れてしまった場合はすぐさまに立ち上がる。そんな練習が繰り返された。

特に芝のグランドでなら下のボールに対しても思い切り練習ができる。固く、石の多い土埃舞う学校のグランドではうまくできない練習だった。

「大丈夫だよ、転んでも痛くねえよ、行け！」

梁義弘が躊躇する鄭在鎬に声かける。

「マイボー（ル）！」

鄭在鎬は巨体を揺すり、芝の上のボールに飛びかかった。

練習はタックルも合わせて行なった。

「タックルに入る瞬間には、体を相手に密着させろ。単に勢いだけではだめなんだ。ちょっと見てろよ」

　呉昇哲がグランドで声をかける。呉昇哲は若い分、自分の体を使って伝えていくことが多かった。自身も東京朝高のＯＢクラブ「高麗クラブ」の現役プレーヤーである。

「タックルに入るひとり目と、ボールを奪いにいくふたり目のコミュニケーションが大事なんだ。そのためには、練習中でも積極的に声を掛け合っていけよ」

　当たり前のことを、練習中から意識をすることが大事だった。生徒たちは一つひとつ、丁寧に練習を繰り返していった。練習を繰り返すほどに、生徒たちも次第にその技術とタイミングを学んでいった。

　実はその練習では、朝高ラグビー部員の〝素人〟ぶりが有利に働いた。それまでラグビーをやったことのない選手たちに、初めからラグビーは立ってするスポーツであるということを教え込んだのである。そのことは、初めてラグビーをする生徒にはすぐに飲み込まれた。

「オレたちの頃は、こんなに早く立つヤツはいなかったけどな。だいいちレフリングが違ってたよ」

「自分たちが高校生の頃もそんなには厳しくなかったですよ」

　特に近年は、レフリングの変化も激しかった。

「そうだよな。でもいまはそこが勝負の分かれ目になると思うんだよ」

　毎年のように見直されるラグビーのルール。そのルールをいかに先に学び、プレーに生かすことができるか。朝高にはハンディが多い分、申鉉秀と呉昇哲は、日々進歩するラグビーに合わせようと努力していた。

倒れたらすぐに立つ。タックルしてもすぐに立つ。勝負はタックル後に分かれるということを申鉉秀は徹底的に教え込んだ。

そして申鉉秀は、練習をしながらひとつのことに気付いた。それは、倒れずにボールに働きかけるには、〝小さい〟プレーヤーが有利だということだった。

朝高生たちが必死に新しい練習に取り組んでいる頃、オーストラリアからひとりのヒーローが生まれた。『スーパー12』のトップチーム、ＡＴＣブランビーズで活躍し、ナショナルチームのワラビーズにも選ばれた若きフランカー、ジョージ・スミスである。

身長１８０センチ、体重98キロ。日本でならそれほどでもないが、２メートルの選手も珍しくないオーストラリアでは、ひときわ小さな選手だった。なのに、なぜジョージ・スミスがヒーローになりえたか。それは、彼の得意とするあるプレーからだった。

彼はトレードマークでもあるドレッドヘアーを揺らしながら、タックル地点で常にボールに絡む。そしてことごとくボールを奪う。

ジョージ・スミスはそのプレースタイルから〝ジャッカル〟というニックネームを授かっていた。密集の中でボールを〝横取り〟してしまうからだ。

〝横取り〟と言えば聞こえは悪いが、ラグビーでは相手のボールを奪うことをターンオーバー（転覆、転換）という。攻守が常に入れ替わるラグビーにおいて、ターンオーバーは大きなチャンスに結びつく。

その〝横取り〟するジョージ・スミスの姿に、朝高生たちは魅了された。なぜなら、自分たちが日頃練習していることの、その完成形だったからだ。

「あれって、すごくない？」

ジョージ・スミスの〝技〟を衛星放送で見て感動したのは鄭在鎬だった。

「バカ、お前には無理だよ。だいたいジョージ・スミスはフランカーなんだよ」

梁義弘は自分と同じポジションのヒーローを尊敬していた。

実際、春合宿の練習でいちばん上達したのも梁義弘だった。

また、個人の運動能力をいかんなく発揮したのはバックスの康智勇である。相手をタックルしては素早く立ち上がる様は、ある種動物的な動きだった。タックル自体は必ずしも力強いものには見えないのだが、猫のように絡みついては倒し、確実に立ってはボールに働きかける。

ほかの部員たちも競うようにこのプレーの技を磨いていった。

実は、朝高生たちにアドバイスをくれた梁義弘の兄、梁義基は、オーストラリアでそのジョージ・スミスに直接会ったことがあるという。朝高生たちにとっても、ジョージ・スミスは身近なヒーローだった。

「オレは朝高のジョージ・スミスだ」「だったら、オレは日本のジョージ・スミスだ」「バカ、オレが東洋のジョージ・スミスだよ、見てろよ」

春合宿で生徒たちはそんなことを言いながら、ボールに絡んで〝横取り〟する練習を繰り返した。

このターンオーバーをひとつの突破口にしたい。申鉉秀は、小さなフォワードを前にそう思っていた。

4 〈最優等〉の新1年生

春合宿も終わり、新年度となった。２００１年度のラグビー部には、19名の新入部員が入ってきた。

申鉉秀はその数に少々驚かされた。というより、実を言えば落胆させられた。前年の新入部員は過去最高の22名。そしてその年は花園予選の決勝進出、テレビ放映までされたのである。入部希望者は一気に増えるのではないかと密かに期待していた。これで人数が増えれば、ますます力がつくはずだ。

その思いは、後援会の高明栄も同じだった。ある日の後援会の会合でもそのことは話題となった。

「監督、どう。今年は新入部員がどっと増えたんじゃない。もう花園も目の前だね」

「ヒョンニム（兄さん）、実はそうでもなくて……」

「なんで。もしかしてまだサッカー部が多いの。もう朝高はサッカーじゃなくてラグビーだよ。だってサッカーじゃ、もう帝京に勝てないだろ」

いくら決勝まで行ってテレビに出ても、所詮ラグビーはラグビー。申鉉秀は、在日朝鮮人の中でのラグビー人気のなさを痛感せざるをえなかった。

１９９８年。東京朝鮮高校サッカー部が全国大会の東京都予選決勝で帝京高校と闘ったことがある。結果は延長戦にもつれ込む激戦の末に朝鮮高校は敗れた。が、その年の帝京高校は全国制覇を成し遂げたのだから、当時の朝高の実力は相当高かったといえる。

その決戦の会場、西が丘サッカー場には、各地から朝鮮学校関係者が駆けつけた。東京はもとより、近県の小中学校からも生徒たちがやってきた。応援旗を振りかざす応援団で会場は埋め尽くされ、その姿は関東近県ではテレビにも映された。そのことは、各地の朝鮮学校に通うサッカー少年の話題となった。

一方、前年秩父宮で行なわれたラグビーの決勝戦は、応援団は駆けつけたものの、子供たちの姿が少なかった。

「いちどでも花園に行けば違うんだろうけどなあ」

「そうだといいんですけど」

高明栄会長の溜息まじりの言葉に、申鉉秀も力無く答えた。


それでもあの日の秩父宮で、先輩たちの活躍する姿を眼光鋭く見つめる中学生がいた。

足立区出身の金明俊（キム・ミョンジュン）である。

足立は、都内でも在日朝鮮・韓国人が多く住む地域である。区内には東京朝鮮第4初中級学校があり、荒川の〈第1〉と並ぶ大きな学校である。

金明俊も例に漏れず、朝鮮中学の〈第4〉ではサッカー部に所属していた。足の速さは学年でもトップクラスだったが、特筆すべきはその体重である。当時すでに90キロを越えていた。身長は170センチ半ばなので、一見すれば〝あんこ型〟の体型である。なのに、速い。その体重とスピードは、サッカーよりも明らかにラグビー向きといえた。

金明俊を見た足立のあるラグビー部のOBが、すぐさま中鉉秀に電話をよこした。

「いいのがいるんだよ。ごつくて速いのが。足立の焼き肉屋の息子なんだけどな。今度ちょっと家を訪ねてみないか。それに、あそこの焼き肉はうまいぞ」

焼き肉はいまや日本人にとっても人気の食べ物である。街のあちこちには焼き肉店が並び、清潔なお店には誰もが気軽に入ることができる。しかし金明俊の家の焼き肉屋は、七輪の煙であふれるような店だった。

金明俊自身、すでにサッカーには物足りなさを感じ、朝高ではラグビーをやりたいと思っていた。

そして秩父宮で見た高校生たちの勇姿。朝高は試合に勝つことはできなかったが、決勝進出という事実が、金明俊に花園を現実感のあるものとした。

自分も花園に行ってみたい。いや必ず行くんだ。金明俊は心に誓い、朝高入学と同時にラグビー部の門を叩いた。

いまひとり、秩父宮の勇姿に心を奪われた中学生は金載昊（キム・ジェホ）である。金載昊は、秩父宮で兄の姿を追っていた。兄、金載昨（キム・ジェオ）は、ロックとして試合に出場していた3年生だった。身長189センチ。朝高ラグビー部の中でももっとも長身で、キャプテンでナンバー8の李永旼とともにそのチームのフォワードの核となる選手だった。例年サイズに悩む朝高にとってはその年の躍進の原動力ともいえる存在だった。

兄の果たせなかった夢を実現すべく、弟もラグビー部へ入部した。兄譲りのその身長は、

185センチになっていた。

春から正式に朝鮮高校の教師となった呉昇哲は、それまでの「不惑クラブ」の李共和に代わり1年生を主に見ることになった。

90キロのスピードスター、金明俊。兄譲りの体格の持ち主、金載昊。いずれも将来を期待させるプレーヤーだった。もちろんふたりともラグビーに関してはまったくの初心者のため、ラグビープレーヤーとしてはいましばらく様子を見る必要があった。

特に金明俊はゲームを想定した練習ではすぐにオフサイドを犯してしまう。

「まだ早い。それだとペナルティーだぞ」

呉昇哲が指摘するのだが、金明俊はルールにおかまいなしにすぐにボールに飛びついてしまうのだ。

初心者にとって、確かにラグビーのルールは難しい。だがラグビー初心者でも、タイプは大きく2つに分かれる。ルール違反を犯さないよう努力するタイプと、ルール違反を繰り返すタイプである。将来的なことを考えれば後者、つまりルール違反を繰り返したほうがいい。ルールを犯すことによって体で覚えるからだ。

呉昇哲の目にも、そのどん欲でスピード感あふれる金明俊は、素材として充分光るものに映った。

しかし、金明俊の優れた点は、そのスピードだけではなかった。

「新しい1年はどうだ。あの明俊はだいぶ目立っているようだけど」

ある日、申鉉秀が呉昇哲に聞いた。

「なかなかいいですね。あの体でスピードがあるし、当たりも強いし。でもね、あいつがいいのは体だけじゃないんですよ」

「気が強いのか」

相手と激しく当たる機会の多いラグビーでは、どうしても気持ち、精神的な強さも求められる。どれほど運動能力が高くても、タックルを恐れるようではプレーヤーとして大成するのは難しい。

「いや、気持ちも強いんですけど、あいつ、あれで頭がいいんですよ。成績もずっと〈最優等〉ですから」

呉昇哲は歴史科の教師として1年生の担当でもあった。

「え、そうなのか。アイツの顔はとてもそうは見えないけどな」

坊主頭に一重瞼の細く鋭い目。それでいてあの体型と運動能力である。金明俊はむしろ「アイツは問題児でしてね」と言われたほうがすんなりと納得できそうな風貌だった。

だが、金明俊には、花園と同時にいまひとつの目標があった。

金明俊の家は焼き肉屋だったが、明俊の姉は獣医師だった。朝高に通いながら受験勉強を続けた努力の結果である。明俊もできれば医療関係の道に進みたいと思っていた。

「そうか。だったらラグビーだけでなく勉強も頑張れ」

明俊の話を聞き、申鉉秀は言った。

「先輩の中には立派に医者になったのもいるからな」

過去、朝高ラグビー部出身で医師になった者がふたりいた。しかもそのうちのひとりはキャプテンだった。

その生徒は、3年生になって医学部受験のための予備校に通いだした。午後の練習はなかなか出られなくなったが、その代わり朝練には欠かさず参加していた。しかも家が東京都下にあり、通学には2時間近くを要した。それでも最後までプレーヤーとして遜色がなかったのはもちろん、キャプテンとしての重責を果たした。

この頃もまだ国立大学への門戸は閉ざされたままだったが、私立の医学部には朝高卒でも入学できる学校は多い。学業が優秀であれば——経済的な余裕が必要だが——、朝鮮高校卒でも医師になれるのである。

だが医師になることが将来の目標なら、朝鮮高校に通わず日本の高校へ通ったほうがはるかに有利である。単純に受験資格が変わることをはじめ、授業内容や、時間のやりくり。特に受験を主とした進学校に通えば、無駄を省くこともできるだろう。受験という意味では朝鮮高校は不利なのだ。

朝鮮高校には、日本の高校とは異なる大きな特徴がある。朝鮮学校のいちばんの目的は、誰にでも民族教育を受けさせること。したがって基本的には来る者は拒まない。

結果として、朝高には様々な学力の生徒が集まる。それこそ上は医師を目指すような生徒から、下は日本の高校なら入学が難しいような生徒までが一同に会するのである。その中で様々な個性がぶつかりあい、友情を育んでいく。

それが、受験戦争によって輪切りにさせられる日本の高校にはない特徴のひとつである。

金明俊は、いわばそのトップレベルの生徒だった。

ずっと朝鮮学校に通っていたということもあるが、明俊は日本の受験校へ進学するつもりはなかった。

「受験勉強はするけど、今は友達みんなと一緒に朝高でラグビーをやりたかったから」

毎日を机に向かい、受験勉強に明け暮れて最短で医師になった者。多少の寄り道はしても、いろいろな経験を経た上で医師になった者。どちらを信用するかといえば、後者だろう。

現在、金明俊をはじめの多く在日が住む足立区には「西新井病院」という在日朝鮮人が経営する大きな総合病院がある。経営者は病院のみならず、看護専門学校なども設立するなど、同胞医療のために尽力している。

かつて、在日朝鮮人は、在日朝鮮人であるという理由で医療を受けられない場合があった。ラグビー部員、康智勇の父親で、学校の近くでお好み焼き屋を営む康聖国は、小学校1年生の時、公園の遊具――現在は危険とされ、撤去されることが多くなった円形の大型ブランコで大けがをしたことがある。仲間数人を乗せ自分がブランコを揺らしているとき、ちょっとしたはずみから腰と太股をはさみ、複雑骨折したのだ。大怪我をした息子を、両親はあわてて病院へとかつぎ込んだ。だが、必死の形相の家族を前に医師は診療を拒否した。理由は、朝鮮人はお金を払う見込みがないからだという。現金を見せなければ診療はしないと。

母親は、泣き叫ぶ息子をただただ抱きしめた。その間、父親は親類や知人の家を駆け回りながらお金をかき集めた。町中を走り、集められるだけの現金を集め、両親は医師の前で何度も何度も頭を下げた。父親が集めた〝重いお金〟を受け取りようやく医師は息子を診ることになった。そのお金は、お札より硬貨のほうがはるかに多く重かったという。

こうして手術を受けた康聖国だったが、術後の経過は悪く、半年以上学校へ通えなかった。結局、康聖国は1年生を最初からやりなおすことになる。いまもその後遺症で足を少しひきずる康聖国は1955年生まれ。不幸な事故が起こったのは、60年代のことだ。

ただ受験勉強を勝ち抜き医師になるのと、在日朝鮮人が日本で医師になるのとでは、その意味あいも大きく違うはずだ。

のちのことであるが、金明俊は菅平での試合で膝の靭帯断裂という大けがを負う。怪我をしたこのない者と実際に怪我をしたことのある者。はたしていずれが患者の気持ちを理解できるだろうか。

その年の1年生は明俊を入れて3人も〈最優等〉がいた。過去のラグビー部に比べれば極めて優秀な学年だった。

実際、ひとつ上の梁義弘の代では〈最優等〉は無し。日本の大学を目指す鄭在鎬も〈優等〉だったし、同学年に〈優等〉はわずか3名しかいなかった。

特に自ら〈最優等〉にあまり縁のなかった申鉉秀にとっては、その事実は何やらうれしいことだった。

朝鮮高校が日本の公式戦に参加するようになってから4年後、98年より東京朝高では〈体育班〉というコースを設けていた。日本の学校でいうところの体育コース、体育科である。

2年生以降の選択課目で体育を選択した場合、その時間を所属する運動部の活動に当てることができるというものである。

新2年生となった梁義弘らも、ほとんどが〈体育班〉を選択した。日本の大学を目指す鄭在鎬は、受験に有利な一般のコースの選択も考えたが、結局は〈体育班〉に進むことにした。受験なら浪人ということも可能だ。だが、花園に〝浪人〟はありえないからだ。

交流

李永旼たちの次の代も、みんな花園を目指してがんばっていました。
春の時点ではチーム力はそれほどでもなかったんですが、
練習の成果も徐々に出てきて、特に夏以降に力が上がってきました。
下のボールへの働きかけもよくなり、
ターンオーバーがけっこうできるようになったのも夏の菅平合宿以降だと思います。
公式戦の数が限られる高校生にとっては、
実力をつけるには他校との練習試合が大きいんです。
特に朝高生は試合経験が不足しています。
私自身も積極的に練習試合を組みましたが、
それも相手をしてくれる学校があってこそ。
そういった意味では、お世話になった日本の学校は多く、
みなさんに感謝してます。
私にとってもラグビーを通してたくさんの人と
知り合うことができたことは、大きな財産です。

ただ、試合に勝つという意味では
やはりフォワードが課題でした。
結局、李永旼たちの次の年も、花園への夢は
実現できませんでした。
夢は、次の梁義弘たちの代に
託されることになりました

1　成果の現れ

新チームに練習の成果が、徐々に現れてきた。

すでに申鉉秀の予想通り、日本でのレフリングも〈ノット・リリース・ザ・ボール〉には厳しくなっていた。国内でもトップレベルの試合ではそのようなレフリングが行なわれ始めたのである。

タックルした後、立ったままボールに働きかけた時点で、タックルされたプレーヤーがボールを放さなければ、即座に笛が吹かれた。タックルされたプレーヤーも、頭ではわかっているのだが、それまでの経験と、ボールを放したらピンチになるという恐れから、素直にはボールを放せなかった。

例えば朝高の練習試合でのタックル・シーン――。

ポイントには次々と選手が集まる。気が付くとボールは朝高選手の誰かが手にしている。朝高の選手がボールに絡むたびに、ゲームの流れが大きく変わる。ターンオーバーから試合の流れを一気に引き寄せるのである。

いつしか、朝高には〝ジャッカル軍団〟ができあがっていた。

ジャッカルとは、もともとはそのプレーが得意だったジョージ・スミスのニックネームだが、日本ではいつのまにかそのプレーそのものがジャッカルとして認知されていた。

いくつかの試合データがある。

例えば高校生の25分から30分ハーフの試合の場合、攻撃の起点になるポイント＝ラックの数はおよそ30から50回。各チームの特徴や戦略、あるいはレフリングやその試合内容によりその数には大きな差があるものの、朝高のラック数は毎回50回前後となり、常に相手チームの数を上回っている。

それは、フォワードのパワープレーに固執するのではなく、ボールを広く展開し、スピードで相手を翻弄するというチームの戦略の現れである。

日本でも展開ラグビーを標榜する早稲田大学などでは、ラック数はかなりの数——多い場合は100を越えるが、ほかのトップチームでも一般では50前後。大学以上が40分ハーフなのに対し、高校生の25分から30分ハーフの試合で、平均的に50を越えるのは、かなり高いと言っていい。

さらに特筆すべきは、そのラック時のターンオーバーの数である。

相手が持ち込んでラックにしたボールを〝横取り〟してしまうこのターンオーバーは、攻守を一気に逆転させることによって、相手から攻め手を奪うと同時に、自分たちにとって大きなチャンスを生むことができる。

以前なら倒れてもなかなかボールを放さないプレーヤーが多かったが、新しいレフリング解釈により、立ってプレーすればターンオーバーが可能になった。それまではターンオーバーは容易ではなく、一般にラック時のターンオーバーは10パーセントが目安とされていた。10パーセント以上取れれば良いほうで、逆に10パーセント以上取られたほうは反省しなければならない。

だが、朝高のターンオーバー率は、一試合で多くが20パーセントから30パーセント台、多い場合は50パーセントを越えることもあった。

「いや、参りました。あれだけ取られたら勝負になりませんよ。なんであんなに取れるんですか」

ある練習試合の後、相手の監督から言葉をかけられた。帝京高校ラグビー部監督、嶋崎雅規である。帝京高校は朝高に近いということもあり、よく練習試合をする仲だった。

その日の試合、帝京高校の作ったラック数が29に対し、朝高がターンオーバーした数は15。一方朝高の作ったラックは48、ターンオーバーされたのは9つ。単純に言って全ラックの7割以上は朝高に出たことになる。それだけボールを支配されれば、勝負も明らかだった。

「練習の成果だとは思いますが、まだまだうちには弱点がありますから。上のレベルで闘うのは難しいですよ」

そう答える申鉉秀に対して嶋崎が言う。

「フォワードのサイズですか。それは推薦枠のない私たちのような学校なら仕方ないですよ」

帝京高校といえばサッカーでは全国大会優勝を何度も経験している強豪校である。

かつては朝鮮高校サッカー部との交流が深く、サッカー部どうしの練習試合もたびたび行なわれていた。朝鮮高校が全国大会に出られないその当時は、東京朝鮮高校は〝幻の日本一〟と言われるほどの実力を持ち、常に朝鮮高校が〝胸を貸す〟形で試合が行なわれていたが、近年ではその実力がすっかり逆転してしまっている。

その帝京サッカー部の実力に比べれば、帝京ラグビー部のレベルが落ちるのは否めなかった。花園への出場もいまだない。サッカー部が推薦枠をもうけ、全国から有望な選手を集めるのに対し、ラグビー部は普通のクラブにすぎなかった。

「大きな選手が集まらなくても、小さいなりに闘わなくちゃ。朝高さんは、小さくてもいつもいいラグビーをするじゃないですか。それにしても、今日の試合にはジョージ・スミスがたくさんいるみたいですね」

朝高生のあこがれだったジョージ・スミスは、実は朝高生に限らず日本では人気のある選手である。サイズに恵まれなくても活躍し続けるその姿は、日本中の小さなラガーマンに勇気を与えた。

嶋崎自身、現役時代のポジションはスタンド・オフながら、身長は170センチに満たない小柄な体型である。

日本のどんな大きな選手、優れた選手を集めても、世界のトップレベルと闘えばどうしてもこじんまりとした小さなチームになってしまう。それは、日本のチームの宿命でもあった。小さな選手が大きな選手を相手にいかに闘うか。ジャパンが抱える永遠のテーマは、そのまま朝高のテーマなのである。

「それにしても、あとはスクラムがなんとかなれば……」

申鉉秀は、弱点であるスクラムの強化に頭を悩ませていた。

スクラムを強化するもっとも単純かつ重要な方法は、スクラムを数多く組むことである。

しかも、その相手は強いほうが良い。弱い者どうし——弱い朝高生どうしが組んでいたのでは強化はあまり期待できない。

そのため申鉉秀は、定期的に部員を連れて朝鮮大学に出向いてはスクラムの相手をしてもらった。

ほかに朝高のスクラムの相手をしてくれたのが目黒学院、かつての目黒高校だった。同校は、1991年の第71回花園大会以降、全国大会からは遠ざかっているものの、過去幾度も全国制覇を成し遂げた名門中の名門である。1970年代半ば、創部間もない朝高ラグビー部がひょんなことから対戦を申し込みこてんぱんにされた後も、その交流は続いていた。

「先生、近いうちに練習試合をさせてもらえませんか」

申鉉秀が電話をすると、「いいよ。ちょっとうちの連中をしごいてやってくれや」と現監督の幡鎌孝彦はいつも快く応じてくれる。

50代になる幡鎌孝彦は目黒高校のOBでもあり、現役時代は多くのライバルがいる中、1年生からレギュラーとして3年連続で花園で活躍したプレーヤーでもある。練習、試合中は声を荒げ厳しい指導をするが、グランドを離れれば気さくで朗らかな性格だ。申鉉秀もその人柄には常日頃から好意を持っていた。

「それで、できたら試合後にまたスクラムもお願いしたいんですけど」

「うん、やろうやろう。フォワードだったらまだうちも負けてないからな」

朝高は目黒と対戦しても、以前のようにやられることはなくなった。勝敗だけでいえば最近では朝高のほうが勝ち越している。それでもことフォワード、特にスクラムに関しては目黒にかなわなかった。

その日の試合は、朝高のグランドで行なわれた。練習試合も二度に一度は朝高で行なわれる。目黒の生徒たちが電車を乗り継ぎ、十条までやってくるのである。肩にはそれぞれ校名が入ったエナメルのバック。いかにもラグビー部という一団が、勝手知ったように校内を歩く。

「コンチワ」「コンチワ!」

中鉉秀を見ると、目黒の生徒も挨拶をしてくれる。

「おお、よろしくな。なんだ、君、また大きくなったか」

「いえ、体重は変わらないッス」

中鉉秀も名前まではわからないが、知った顔が何人かいる。

見ると、朝高の部員と目黒の部員も挨拶をし、言葉を交わしている。

中鉉秀はそこに時の流れを感じる。その昔は考えられない光景だった。少なくとも自分が現役の頃は、試合前から相手に飲まれまいと必死だった。特にパンチパーマや染まった頭を見てはメラメラと敵意を燃やしたものである。

しかし昔は昔。いまはいまである。時代は確実に変わりつつあるのだ。

2 七輪を囲んで

その日の試合のレフリーは中鉉秀が務めた。練習試合の場合、レフリーは互いの監督、コーチが務めるのが常である。

その試合は朝高が勝った。ラックからの速い展開でバックスがトライを量産した。しかし、フォワード戦では劣性に立たされた。特にスクラムは勝負にならなかった。レフリーとしてスクラムを間近で見たからよけいにわかる。目黒もバックスの展開では劣性だとわかっているため、特にスクラムでは力を入れてくる。完敗だった。

「幡鎌先生、すみません。スクラムお願いします」

試合後、中鉉秀は頭を下げた。

「試合で負けた分、ちょっと仕返ししてやるか」

そういいながらも幡鎌は、笑顔で練習相手を引き受けてくれた。

相手だけではない。フォワード1列出身の幡鎌はスクラムを見ながらいろいろと具体的なアドバイスをしてくれた。

「バインドをしっかり。はずすな！」

「背中は真っ直ぐに、首も下げない」

「スクラムはひとりじゃない、8人の力だ」

幡鎌の指導は厳しいものだったが、中鉉秀にはそれがうれしかった。

かつては授業のない1時間の間に電話をかけ続け、練習試合の相手が1校もみつからなかった。顔の見えない相手にむかって、ぺこぺこと頭を下げては、疲れ切ったこともある。何のためにこんなことをしてるのだろう、何のためのラグビー部なんだろうと嫌気がさしたこともある。それが、いまでは練習試合を快く引き受けてくれる学校があり、それどころか、先方から申し込まれることも多い。他県からわざわざやってくる場合もある。

日本の高校の先生たちとの交流も拡がった。最近では自らレフリーの資格も取り、レフリーとして他校の試合の笛を吹くこともある。

申鉉秀が花園を目指しあらゆる努力をしていた間に、いつのまにか朝鮮高校ラグビー部は、ほかの学校から認知され、ある意味でライバル視されるまでになっていたのである。

その日の練習後、幡鎌は申鉉秀に言った。

「去年の決勝は惜しかったな。内容は充分勝てる試合だった。実力は確実についているよ。ここ2、3年がチャンスだぞ。勢いに乗っている間に花園行きを決めてしまえ。もしそのチャンスを逃したら、また波に乗るのはたいへんだからな」

花園を何度も経験した目黒の監督の言葉に、申鉉秀は改めて頭を下げた。

「ありがとうございます。そのつもりでがんばります」

「うん、みんな力あるんだからさ。がんばってよ。新しい歴史を作ってよ」

旗鎌は、人なつっこい笑顔を作って言った。

一度、目黒高校と東京高校のチームを呼んだ際、試合後に学校の敷地内で焼き肉をご馳走したことがある。日頃のお礼をしたかったということもあり、後援会に無理を言って準備をしてもらった。とはいえ、そこは朝高の後援会である。大きなビニールシートを何枚も敷いて用意した会場には、七輪が所狭しと並べられ、カルビ、ホルモン、ミノなどの焼き肉用の肉のほか、白菜や大根のキムチなどが大量に並べられた。

「これはご馳走だねぇ」と目黒の幡鎌監督も東京高校の森監督もとても喜んでくれた。実は、ライバル校東京高校の森秀胤監督は、目黒高校の出身で幡鎌監督の教え子ということもあり、いつも親しくしてもらっているのだった。年齢も申鉉秀より3つ上とそう変わらない。

「いつも朝鮮高校さんとの試合ははらはらさせますからね」

「いや、でもなかなか勝てなくて。まだまだ勉強不足ですよ」

申鉉秀が答えると「森んとこなんか、早いとこやっつけちゃえばいいんだ」と幡鎌が笑って割って入る。

幡鎌も森も花園は経験しているため、申鉉秀にとっては、一緒に話をするだけでもいろいろと勉強になった。やはり行ったことのある人の経験談は、その人でしかわからないものである。申鉉秀自身、初めて秩父宮で東京都の決勝戦を闘った時――相手は森監督率いる東京高校だった――、あまりの緊張から記憶を失っている部分もあった。試合に勝つには、経験が必要だと実感したものだ。

七輪を囲む自分たちもそうだが、回りで七輪を囲む生徒たちも、うち解けあってともに焼き肉を食べているようだ。そんな姿を眺めていると、申鉉秀は改めて時代の流れを感じる。

自分が、日本の高校生に敵意むき出しで闘った時代、日本人はこんな風に焼き肉などは食べなかった。焼き肉、といえば朝鮮人の食べ物であり、ましてや七輪で焼くホルモン焼きなどは、ある種の差別の対象だった。

「あの店には行くな。土方かヤクザかチョーセンがホルモン食ってるぞ」

自分のことを朝鮮人だと知らず、そう口にした日本人がいた。

「チョウセンヅケなんて、にんにく臭くて食えるか」

そんな言葉を耳にしたこともある。

それが今では日本人にとっても焼き肉は当たり前で、むしろ七輪で焼くほうが本格的と好まれることさえある。

キムチはどこのスーパーやコンビニでも手に入り、ニンニクはもはや日本でも欠かせない食材となった。ニンニクが嫌いな人はいても、ニンニクを食べているからといって侮蔑されることはないだろう。

こうして焼き肉を美味しいと言って食べてくれる日本人がいることに、申鉉秀は改めてありがたいと思った。

「申先生さ、もうちょっとだからさ、あと紙一重。勝負なんてほんのちょっとしたことでついちゃうんだ。がんばってそれを乗り越えてよ」

幡鎌は上機嫌に焼き肉をほおばりながら激励してくれた。

しかし、２００１年11月——。

李永旼キャプテンの次の代も、花園への夢を実現することはできなかった。

第81回全国高等学校ラグビーフットボール大会東京都予選に挑んだ東京朝鮮高校ラグビー部は、準決勝で大東大一高に敗れた。

最初のトライは大東大だった。前半7分。朝高陣22メートル内でのラインアウト。モールで押し込まれ、フォワードの力でトライを奪われる。ゴールも決まり0対7。

前半26分。今度は朝高が自陣22メートル内から相手のミスを突いてフォワードがターンオーバー。その後のキックからバックスが一気に駆け抜けトライ。7対7で前半を折り返した。

後半4分。またも最初は大東のトライ。朝高ボールのラインアウトながら、ミスから一気にトライを奪われる。14対7。

後半12分。今度は朝高が自陣からバックスがボールを展開、大きく抜けだし70メートル近くをバックスが走り、トライ。ゴールは決まらず12対14。

後半16分。朝高陣22メートル内で大東ボールスクラム。左サイド攻撃からまたも力でトライ。朝高は守りきれず。12対19の1トライ1ゴール差。

その後再三朝高は大東陣に攻め入るも、結局は得点を奪えず、最後は30分、朝高陣、朝高ボールの5メートルスクラムからボールを奪われ、そのままトライされる。

最終得点結果は12対26だった。その試合に出場した2年生は、フランカーの梁義弘とウィングの康智勇のふたり。鄭在鎬と朴統輝はリザーブには入っていたものの、実際にグランドを駆けることはなかった。


「またフォワードにやられたか……」

中鉉秀が痛感したのは、またもやサイズの差だった。

これまで大東とは何度か交えているが、過去一度も勝利をおさめたことがない。その年の新人戦は14対15のわずか1点差で涙をのんでいる。フォワードの力負けだった。

この日の花園予選も取られた4本のトライのうち1本はモールから、2本はスクラム――

しかもうち1本はマイボールスクラムからである。朝高が取った2本は、いずれもバックスが自陣から攻め入ってのものだったが、いくらバックスが良い形で取ってもフォワードで取り返されては試合で勝つことはできない。

試合後、大東の監督は「今日はフォワードにこだわった」と言った。「朝鮮高校さんはバックスに回されると怖いから」と。

過去何度か対戦している大東の監督、神尾雅和とも挨拶を交わす関係である。

その言葉を聞き、申鉉秀は正しい選択だと思った。監督、コーチとしては当然の指示である。強いフォワードがいるなら、そこで勝負をすればいい。自分でもそうするだろう。

しかもこの試合の相手はフォワードのサイズはもちろんのこと、バックスにも大きな選手がいた。バックスの要、スタンドオフである。その身長185センチ、体重も優に80キロを越えていた。他校でなら、そしてもちろん朝高でなら、まず間違いなくフォワードのサイズである。

それでもスタンドオフができたのは、その選手の少年ラグビースクール時代からの経験から生まれたラグビーのセンス、そしてフォワードに大きな選手がいるという同チームの人材の豊富さからだろう。

大東大一高は、朝鮮高校が花園に挑戦した8年間だけを見ても、四度の花園出場を果たしている。その年は決勝で久我山に破れ花園出場はならなかったものの、東京では久我山に次ぐ伝統と実力を持つ学校である。

ハンディがあることは最初から百も承知なのだ。

例え小さくても、例え経験が少なくても、それを負けの言い訳にはしたくない。大きければ勝てるのか。経験があれば勝てるのか。

ならばジャパンも、永遠に世界で勝負ができないことではないか。サイズばかりにこだわっていては、永遠に両者の差は埋まらないではないか――。

試合後、選手たちに中鉉秀は言った。

「君たちはよくやった。負けたことは悔しいだろうが、決して恥じることはない。厳しい練習にも耐えて、確実に力をつけてきたんだ。なのにその君たちに勝たせてやれなかった責任はこの私にある。だから君たちは自信を持て。小さい体でここまで闘ってきたんだ。君たちのその悔しさは、いずれきっと後輩たちが晴らしてくれるはずだ。君たちの敗戦も、必ず後輩たちに何かを残してくれる。ラグビー部の一員として堂々と胸を張っていいんだ。誇りを持て。君たちは東京朝高闘球部の部員なんだ」

準決勝で負けたとはいえ、花園への挑戦8年の中で、準決勝以上に駒を進めたのは、前年の決勝進出を含めて4回。彼らの成績は、決して恥じるべきものではなかった。

3　新チームの結成

東京朝鮮高校闘球部の夢は、次の代に託された。

試合の翌日、1、2年生のラグビー部員はグランドにいた。先輩たちの敗戦は、後輩たちの新たな挑戦の始まりでもあった。

練習を前に申鉉秀は梁義弘を呼んだ。

「義弘、今度のキャプテンはお前だ。やってくれるか」

「……」

李永旼の時もその次も、そしてそれ以前もずっと朝高ラグビー部のキャプテンは申鉉秀が指名していた。

これまでもキャプテンは、いちプレーヤーとしての能力に差はあっても、リーダーとしての人選に間違いはなかったと思っている。そもそもラグビーのキャプテンは〝やる〟ものではなく〝なる〟ものだと言われる。指名されたからといってキャプテンができるものではなく、仲間との触れ合いの中でキャプテンとして成長していくのである。梁義弘なら、充分に成長してくれるだろうと申鉉秀は思った。

だが、指名を受けた梁義弘は上目づかいに監督の顔を見るだけだった。指名されることは名誉なことではあるが、ふたつ返事で簡単に引き受けられるものでもない。

「義弘、キャプテンは日本語で何ていうか知っているか」

「……主将、です」

「そうだな。でもその元の意味は何だと思う」

「……？」

義弘は無言のまま首を傾げた。

「船長のことだ。船の船長。船長は一度海に出たら全責任を負う。特に嵐や危険な状況に追い込まれた時は、正確で適切な判断をしなければならない。そしてそのためには船員からの信頼が必要なんだ。もし信用のない船長なら、船長の判断で船の中は混乱になるだけだ。でも混乱してどうする？　周りは海だ。逃げることも止まることもできない」

キャプテンを英語では——特に南半球ではスキッパーと呼ぶこともある。スキッパーとはヨットの艇長のことだ。

ヨットレースで荒波にもまれた時、クルーどうしで話し合いをする時間などない。艇長の瞬時の判断に従うだけである。海の上では、ただ自分の判断だけがすべてだ。そして良い判断ができる人こそ名スキッパーと呼ばれる。

ラグビーは、いったんゲームが始まると監督からの指示は受けられない。野球のようにサインを送ることもなければ、作戦タイムの時間もない。高校生の場合はグランドの外で監督が大声を上げることくらいはできるが、通常の試合は、監督はただ観客席から試合を見守るだけである。それだけに、グランドに立つキャプテンの責任は、ほかのスポーツに比べても重い。

「スタミナは落とすな。プレーはもっと上を目指してがんばれ。そして、仲間たちからの信頼を得ろ。お前ならできる。やってくれるな」

「はい」

「責任は重いぞ。でも誰かはやらなきゃならないんだ。みんなのためにもがんばってくれ」

「わかりました」

バイス（副）・キャプテンにはバックスから高英紀（コ・ヨンギ）が選ばれた。英紀は、3代目後援会会長、高明栄の甥っ子でもある。

3年生が抜けたことによって、新たなポジションも決まり始めた。キャプテン梁義弘は従来通りフランカー。バイス・キャプテンの高英紀はスクラムハーフとなった。170センチ60キロ弱と細身ではあったが、朝高のスクラムハーフとしては大きいほうだった。その体でのサイド突破とスピードが魅力だった。

それまでリザーブが多かった鄭在鎬は、プロップ、スタメンとしての重責を果たすことになる。あとは前後半を走りきれるスタミナが課題だった。

すでに2年生の時からロックで活躍していた長身の朴統輝も今後はフォワードの核として期待される。いまひとりのロックには、1年生の金載昊が選ばれることになるだろう。朴統輝より高い185センチという身長が魅力だった。

ナンバー8には、スタミナが自慢の李基成（リ・キソン）。身長180センチながら体重は70数キロとナンバー8としては細身だが、学校のマラソン大会でも常にダントツの速さを見せるアイアンマンである。そのスタミナと細身からくるリーチの長さから、ボクシング部からスカウトがきたほどである。

「鍛えれば絶対にインターハイを狙える」

ボクシング部の顧問からはお墨付きをもらったが、本人はラグビーで花園を目指すことを選んだ。すでにインターハイの実績があり、全国レベルの朝高ボクシングのほうが、全国大会への道は近かったのだろうが、李基成はあくまでラグビーにこだわった。

あと10キロ体重が増えれば、と申鉉秀は思うものの、増えてスタミナが落ちるよりは、走り回るナンバー8のほうが朝高のラグビーらしいとも思う。

バックスの康智勇は、それまでのウィングからフルバックにコンバートされた。フォワードからバックスにコンバートされたのは、センターの李成柱（リ・ソンジュ）だ。決して器用とは言えないものの、相手を恐れず低く突き刺さるタックルが武器だった。

しかし、問題は鄭在鎬以外のプロップだった。

「鄭在鎬の体重をほかのヤツに分けてやりたいけどな。昇哲先生、1年生では使えそうなヤツはいないか」

申鉉秀は呉昇哲に聞いた。

かつての教え子もいまでは同僚である。申鉉秀は呉昇哲を先生と呼んでいる。

「ほかの2年生ではやっぱり厳しいですか」

サイズという意味では、もう2年生に候補者はいなかった。鄭在鎬の体重はすでに128キロになっていたが、ほかの1列プレーヤーは80キロにも満たない。

「明俊くらいですかね、試合に出られそうなのは。ほかに重いのはいますけど、試合と考えるとまだ……」

金明俊の体重は90キロを越えており、その頑丈な体と運動センスからプロップとして使えそうだった。ほかに80キロ以上の1年生もいたが、特にスクラムの最前線の1列の場合、ある程度の頑強さと経験が必要だった。怪我が怖いのである。実際ラグビーではスクラムの事故はもっとも危険であり、首を痛めれば半身不随、最悪の場合は死を招く場合もある。

ラグビー競技を統括するＩＲＢでもその点には常に配慮し、ことあるごとに事故が起きないようにとルールを見直し、特に19歳未満には特別なルールも設けているのだが、事故を根絶するのは難しかった。

「明俊をプロップで使うのは惜しいなあ。あのスピードはできればフランカーで使いたいよ」

「自分もそう思います。ボールへの絡みも速いですからね」

呉昇哲は答えた。練習中にオフサイドを繰り返していた明俊も、指導のたびにいつのまにかルールを理解していた。何でも自分でルールブックも買ったという。ラグビー部員とはいえ、すすんでルールブックを買うのは珍しいといえる。

結局、明俊はプロップとフランカーを試しながら使うことにした。

そしてもうひとりのプロップ候補として選ばれたのが2年生の趙誠欽（チョウ・ソンフン）だった。身長163センチ、体重はようやく70キロ。ひときわ小さいプロップである。趙誠欽は2年生の中でもっとも小さい卓球部出身の生徒だった。

「小さいけどな、あいつは真面目だし根性があるから」

サッカー部出身者のように、グランドをいっぱいに使ってのワイドな走りは苦手だったが、誠欽にはひたむきさがあった。フォワードの練習でも、小さな体を感じさせないほど激しく当たった。その気持ちの強さは、体の小ささに反比例するようだった。

もともと兄がラグビー部で活躍していたということもあり、誠欽も高校入学と同時にラグビー部に入った。その時から希望のポジションはプロップ。なぜなら、兄がプロップの選手だったからだ。兄に憧れて、というより兄のポジション以外よくわからなかったからというのがホンネである。兄の身体はプロップとして逞しくなったが、誠欽は入学後もあまり大きくならなかった。

だが誠欽にとって辛かったのは、その体型のハンディより通学時間である。入学時は都内にあった家が、事情により横浜のはずれに引っ越した。すぐ隣りは鎌倉である。そこから東京の北のはずれ、十条までは電車で1時間半以上。駅まで自転車で走る時間など入れれば、通学にはゆうに2時間を要する。朝食は家で摂らず、いつも学校についてからおにぎりをほおばった。両親ともに焼き肉店で深夜まで働いていたこともあり、食事はひとりが多かった。

趙誠欽に限らず、朝高生には遠距離通学者は多い。栃木県や千葉県などから1時間以上かけて通ってくるのは珍しくない。みな民族教育を受けさせたいという理由があるからだろう。それでも今では通学定期券が「学割」で購入できるようになっただけましである。数年前までは、「学校ではない」との理由で、朝鮮学校の生徒には「学割」が認められていなかったのだ。

趙誠欽は、悪条件の中でもひたむきに練習に取り組んでいた。のちのことであるが、趙誠欽がプロップとして試合に出たことがある。相手のフォワードは大きく、スクラムも強かった。押され気味の誠欽は、滑ってスクラムを崩した。レフリーは誠欽のコラプシング（崩壊=スクラムを崩すこと）の反則を取った。危険のともなうスクラムで、そのレフリーが早めに笛を吹いたのは正しい選択だった。

しかし、その時誠欽は肩を痛めた。痛めたが、試合には出続けた。試合後も痛みは続いた。

「誠欽、大丈夫か。次の試合に出られるか？」

翌週にも試合が控えていた。

「大丈夫です。たいしたことはないですから」

1週間後、痛みはひかなかったものの、試合に出た。ラグビーでは多少の痛みはつきものだった。切り傷や打撲はもちろん、肋が折れたくらいでは仲間からは同情されない。

誠欽自身、怪我はたいしたことはないと思っていた。

しかし、その試合で今度は頭を切った。翌日病院へ行った。念のためにと痛みの消えない肩を見てもらった。

レントゲンを見て医師が言った。

「はずれてるね。昨日やったの？」

「いえ。1週間前です」

「え？　痛くなかったの？」

「痛かったです」

「だったら早く病院に来なくちゃ」

はずれてしまった肩が、不自然な形で元に戻っていた。誠欽はそのまま1週間毎日練習を続け、試合に出たのだった。

仲間からは、「バカか、お前」と言われた――。

体は小さいが、誠欽に賭けてみようと申鉉秀は思った。多少時間がかかるかもしれないが、教え込めばこつこつと努力をするはずである。

かくして、でこぼこプロップができあがった。182センチ、128キロの鄭在鎬と、

163センチ、70キロの趙誠欽が並べば、その差は歴然とした。

「まるで親子だなあ」

申鉉秀はつぶやいた。

「あと2ヶ月後でどれだけできるだろうか」

4　真冬の練習試合

すでに次のチームの公式戦は、年明けの1月の新人戦と決まっていた。2年生と1年で新しいチームを作らなくてはならないのである。試合まできっかり2ヶ月。

例年、朝高の新人戦の成績は芳しくない。理由は、経験不足からくる不慣れである。新人戦の始まる1月の時点では、上級生となる2年生でもラグビー経験は1年と9ヶ月。当然、1年生はわずか9ヶ月である。

もちろんほかにも同じ条件の高校はある。実際に1月の時点では1、2年生だけではまともなチームが作れない学校も少なくない。そのため新人戦は実力別――前年度の実績別にいくつかのグループに分かれて行なわれるのである。

例えば今回の新人戦は、実力トップグループである1部トーナメントは15校で争われるが、久我山をはじめ、大東大一、青山学院、早稲田実業と有名私立校が並ぶ。15校のうち都立校はわずかに2校のみ。かつての強豪目黒学院でさえ、今回は1部トーナメントから漏れている。

ここ数年、東京の全国大会予選への参加校は毎年60から70校。そのうち2校が花園へ行けるのだが、実際に花園へのキップをかけて争っているのは久我山を中心に、その上位3校から4校である。

例えば東京朝鮮高校が予選に参加した94年からの8年間の実績を見ると、花園出場16校の内訳は、久我山の8回（毎年参加）のほか、大東大一4回、東京高校2回、そして東海大菅生、保善の各1回。花園出場はならなかったものの、決勝まで勝ち上がったのが、大東大一3回、東京4回、東海大菅生、目黒各3回。ほかに日大二高、明大付属中野高校、そして東京朝鮮高校が各1回である。

つまり、東京地区の花園出場とは、久我山という横綱級を筆頭に、大東大一、東京などの数校がシノギを削る状態だ。いずれもが当初から花園を目指す私立校であり、部員たちもラグビー経験者を中心に花園を目指す生徒が集まる。新人戦が始まる段階で、すでにチームには経験者が多く所属しているのだ。

現状では、そういった環境の整わない都立高校が新人戦で好成績を上げるのは難しく、花園へ出場するのはほとんど不可能だろう。実際、都立高校は1960年の日比谷高校以来花園出場がなく、近年は予選で上位に食い込むのも容易なことではない。

そんなトーナメントを、全員が未経験者の朝高が勝ち上がっていくのは実に難しい。

「せめてもう少し時間があればなあ。試合慣れさせてあげられるのに」

申鉉秀は、いつも時間のなさに悩まされる。

朝高は、毎年新人戦の序盤ではそれなりの成績をおさめるものの、上に行けば必ず強豪校の前に粉砕される。例年、そこから徐々に新チームを作り上げ、夏の菅平合宿を経てようやく秋の花園予選に間に合わせるのが朝高の1年である。
だからといって、この新人戦をおろそかにするわけにはいかない。なぜなら、この新人戦の成績には春の大会のシード権がかかっており、その春の成績が秋期大会、つまり花園大会のシード権にかかわるのである。年末の全国大会への闘いはすでにその時点で始まっているといっていい。

申鉉秀は、年末の練習相手を探した。11月ではまだまともな試合をできる状態ではなく、12月は期末試験など学校行事もあるため、練習試合を組むのは年末の冬休みしかチャンスはない。

12月23日と28日。ようやく練習試合が決まった。対戦相手は東海大相模高校と桐蔭学園、いずれもが神奈川県の学校だった。神奈川県は近県でもラグビーのレベルが高く、ほかにも慶応高校、法政二高など強豪校がひしめく地域である。最近力は落ちたものの、1993、94年には史上3校目となる花園連覇を成し遂げた相模台工高があるのも神奈川県である。

東海大相模はその年の県大会でベスト8。しかも同年の神奈川代表となった慶応高校に20対24と惜敗する実力を持った高校だった。もちろん過去に花園出場の経験を持つ。桐蔭学園にいたっては、96年の花園初出場以降、この6年間で3度の花園出場を果たす新進の実力校である。

「え、大丈夫なんですか。そんなとことやって」

対戦相手を知ってまず驚いたのは呉昇哲である。

「まあ、練習試合だからな。やってみなくちゃわからないよ」

中鉉秀にしても、強豪相手との対戦には不安はあった。はたして勝負になるのか。大きな怪我はしないか。だいいち、ルールをまだ把握してない彼らが出て試合になるのか。もともと難しいラグビーのルールとはいえ、ルールに関してはおぼつかない者がほとんどだった。

それでもあくまで練習試合である。多少のミスは許されるだろう。それに彼らにはそのミスを繰り返すことのできる試合こそが必要だった。


しかし、呉昇哲の不安も、中鉉秀の危惧も無駄に終わった。終わってみれば両試合とも朝高が勝っていた。

もちろん練習試合のため試合時間も短く、相手メンバーも必ずしも最強メンバーとはいえない。それでも勝敗を決する試合である。特に花園常連校、桐蔭学園に勝てたことは生徒たちには自信になった。

その試合ではタックルがいくつも決まった。それは格下の者が格上の者へ挑戦するかのようなタックルだった。最終的な勝ち負けなどではなく、一つひとつの目の前のプレーに気持ちが込もっていた。その積み重ねが勝利を呼ぶことになる。

「タックルがしっかり決まったらターンオーバーができる。練習の成果も、きっちりとしたタックルができなければ発揮できないぞ」

中鉉秀は桐蔭学園との試合後、生徒たちに言った。

その試合、タックルからターンオーバーを連発していた。ターンオーバーがうまくいけば、相手のスキを突いてトライもできる。

朴統輝、李成柱が鋭いタックルを放ち、梁義弘、康智勇がボールを相手から〝横取り〟した。

鄭在鎬、そして小さな趙誠欽はスクラムを耐え続けた。

練習の成果が出てきたということもあるだろう。しかし、それ以上に〝挑む〟とい気持ちが勝利を呼び込んだのではないかと申鉉秀は思った。ただし、その気持ちを試合の間中持続させるのは難しい。そのことは申鉉秀自身もよくわかっていた。

「いい勉強をさせてもらいました。またやりましょう。お互い公式戦で会えればいいですね」

試合後、相手の監督から声をかけられた申鉉秀は、深々と頭を下げながら年末の忙しい時期に相手をしてもらったことをありがたく思った。

「こちらこそ、できればまたよろしくお願いします。公式戦で会うにはまだまだ力不足ですが……」

桐蔭学園と公式戦で当たるとするなら、関東大会か、花園の全国大会である。

冬休みの朝高の練習はその翌々日まで続いた。その年最後となる12月30日は、ＯＢが練習試合の相手をしてくれた。

ラグビー部にとっての冬休みは、12月31日から正月2日までの3日間のみ。年明けは3日から練習が始まった。新人戦は10日後、13日である。

そして年明けの7日。朝鮮高校に目黒学院の生徒たちがやってきた。練習試合のためである。

「おお。申先生、明けましておめでとう。今年もよろしくな」

監督の旗鎌は相変わらず気さくに声をかけてくれた。

「おめでとうございます。すみません。年明け早々わざわざお出でいただいて」

「なに、いいんだ。こっちも休んでばかりじゃ体がなまっちまうからな」

その試合は朝高の勝利だったが、試合後、またスクラムの相手をしてくれた。目黒も新チームになったとはいえ、相変わらずスクラムは強かった。

「あの小さいプロップ。技だな。技を覚えれば、小さくても大丈夫だ。筋はいいよ」

旗鎌は、趙誠欽を褒めた。


いよいよ新人戦までは1週間を切った。

新人戦の組合せは抽選で決まる。だが、この年の新人戦はいきなり試練が訪れた。

1回戦の相手は東京高校だった。2年前、李永旼のチームが花園をかけ最後まで争った相手である。過去の対戦で朝高が勝利したのはただの一度きり、しかもわずか1点差の勝利だった。

前年度、東京高校は東京都予選第2地区で決勝まで進み、保善高校に5対6で惜敗、花園目前まで迫る実力を持っていた。しかも、新チームにはその時のレギュラーが8人も残っているという。

特にフォワードの力は、東京の中でも久我山と並んで一、二を争う。スクラムだけでいえば久我山さえも上回るという噂だ。

スタミナ不足の鄭在鎬と小さな趙誠欽は最後までスクラムで耐えられるか。梁義弘のターンオーバーの技術がどこまで通用するのか。朴統輝はフォワードの核になりえるのか。康智勇のスピードは生かせるのか。そして李成柱のタックルは決まるのか。

不安は絶えない。

だが、逃げるわけにはいかない。闘いはもう始まっているのだ。

終章

緑の中の再戦

2002年1月13日、日曜日。

東京高校との試合は、朝鮮高校のキックオフで始まった。午前11時。場所は東京都下、八王子にある明大中野八王子高校グランド。緑に囲まれた静かな場所だ。2年前、同じ東京高校と闘った秩父宮とはその風景はまったく異なるが、決戦の場という意味では同じだった。

グランドの周りには、次の試合を控える高校の生徒、関係者たちが散らばり、さらに周辺には観戦に訪れた両校の父兄、OBたち、そして応援にかけつけた東京朝鮮高校ボクシング部の生徒が立ち並んでいる。

山あいの静かなグランドにも、彼らの歓声は大きく響く。

試合開始直後、朝高にチャンスが訪れた。わずか1分。敵陣でペナルティーキックを得た。ゴールラインまでおよそ30メートル。

「タッチ、タッチ！」

グランド横の呉昇哲が叫んだ。

選択肢はいくつかある。タッチキックを蹴って、前進した上でマイボールラインアウトから新たな攻撃の起点を作る。その場でタップキックからすぐさま攻撃をしかける。あるいは……。

その時、梁義弘は右手でゴールを指さした。

「狙います」

その場からペナルティーゴールを狙うという選択である。キャプテンとしての初めての決断だった。

「よし、狙え」

腕組みをしたまま申鉉秀は言った。

タッチからラインアウトを選択しても、強力フォワードを相手にモールに持ち込まれればチャンスの芽は奪われる。

それに、劣性の予想される試合では先取点を取ることが肝心だ。逆に取られれば焦る。前回の秩父宮決戦では、常に追う展開で苦労した。仮にゴールがはずれても、次も自分たちのボールで攻撃できる可能性が高い。

「義弘、それでいいぞ」

キャプテンの選択としては正しいと申鉉秀は思った。

敵陣右側。角度45度、ゴールポストまでの直線距離約40メートル。

ラグビーでゴールキックを狙う場合は、相手チーム応援団も含め、静かに見守る。それがこのスポーツのマナーでもある。

静かに見守られる中、朝高スタンドオフの蹴ったボールはポストの右側へそれた。

「あぁぁ」

直後、朝高関係者からは溜息が漏れた。

次のチャンスは東京高校だった。前半5分。今度は朝高が自陣でペナルティーを犯す。東京高校は、迷わずタッチキックを選択した。朝高陣22メートル以内でのラインアウト。

「押されんな、割ってけ、割ってけ」

ラインアウトの最後尾に並ぶ梁義弘が叫ぶ。相手に〝割って〟入り、いいモールを作らせたくない。

「見た、見た！」

フォワードの要となるロックの朴統輝が自分のマークすべき相手を指さして言う。この日、もうひとりのロックには1年生の金載昊が抜擢されていた。身長185センチの長身はラインアウトでの活躍が期待された。

ボールが投入された。前後を支えられ高く舞い上がった金載昊がボールへと働きかける。が、相手ジャンパーは確実にボールをキャッチ、着地後すぐさまきれいなモールを作った。

「押されんな、押されんな。耐えろ」

義弘が叫ぶが、技術は相手が一枚上手だった。

「姿勢が高い！　入り直せ」

コーチの呉昇哲がタッチライン際で指示を送るも、そのモールは堅固で、そして重い。

「レディー、ゴー！　レディー、ゴー！」

かけ声とともにじわじわと前進してくる。きっちりと組まれたモールを止めることは難しい。横から阻止することも崩すことも許されない。

ピーッ！　笛が鳴った。トライ。

気が付くと、すでにゴールラインを割られていた。明らかな力負けだった。

ゴールも決まり0対7。

フォワードの力は予想以上だった。そのスクラムにも朝高は苦しめられる。

試合前、中鉉秀は言った。

「とにかくスクラムには気をつけろ。まともにやってはおそらく勝てないだろう。だったらミスをするな。ノックオン、スローフォワード。ミスを徹底的に減らせ」

スクラムは、ノックオン、スローフォワードといった軽い反則――ミスの時に行なわれる。もし自分たちのミスが少なければ、それだけスクラムの回数は減ることになる。同じミスでもフォワードに力の差がある場合、そのミスが文字通り重くのしかかる。そのことをいかに意識し、ミスを減らせるか。そこが勝負の分かれ目でもある。

また、自分たちのミスは自分たちで防げたとしても、問題は相手のミス、つまりマイボールのスクラムだった。

前半14分。相手ノックオンからスクラムを得た。朝高ボールとはいえ、スクラムに自信のある東京高校は押しにかかる。

「在鎬、押されるな。それがお前の仕事だ。誠欽、耐えてくれ」

中鉉秀は心の中で叫ぶ。

その日のフッカーには1年生の金明俊が入っていた。明俊にとっても初めての公式戦だった。

在鎬、明俊、誠欽と並ぶフォワード1列は、見事な〝斜線〟ができた。相手フォワード1列を前にすると、誠欽の小ささがひときわ目立った。

「エンゲージ!」

レフリーのかけ声とともに組み合うフォワード。ドスッという鈍い音。力は明らかに東京高校が上だ。それはボールを投入するスクラムハーフの高英紀の目にも明らかだった。押される。プロップの誠欽が悲鳴を上げそうだ。

速くボールを入れなければ。

ボール、イン！

が、入れた瞬間レフリーの笛が鳴った。

高英紀が何事かとレフリーを振り返る。

「ノットストレート」

投入するボールが真っ直ぐ入らなかったという。

「下がれ、下がれ」

スクラムのサイドについていたフランカーの梁義弘が叫ぶ。

ノットストレートの反則は、相手にフリーキックが与えられる。

「ああ、やられたか」

申鉉秀は顔をしかめる。仕方がない。力に差があるのだ。それがスクラムの勝負というものだ。

もはやスクラムの差は歴然としていた。

結局、前半19分にも同じ反則が取られた。マイボールスクラムという自分たちの攻撃のチャンスを相手のひと押しで奪われた。

それでも前半に得点の変化はなく、0対7のまま折り返した。

「スクラムの差は仕方がない。だからミスをするな。そしてマイボールスクラムの時はすぐにボールを入れて、早く出せ」

　ハーフタイムで中鉉秀は指示を出した。フォワードが劣性ながら7点の失点で抑えられたのはよくやったほうだ。だがそれだけでは試合に負ける。後半の勝負だ。おそらくフォワード中心の相手は、スタミナが落ちてくるはずだ。後半、フォワードとの接点を避け、バックス勝負に持ち込みたい。

「スピードを生かせ。相手の持ち込んだボールはタックルからターンオーバーだ。走り回って人数で上回れ。いくら相手が大きくても2対1なら勝てる。マイボールは散らせ。回して回して相手に触らせるな」

　選手たちは円陣を組んだ。

「ソッド、ネジャ（速度出そう）、ソッド！」

　梁義弘が「ソッド（速度）」とスピードに当たるハングルを叫ぶ。

「オゥー！」

「絶対負けねェぞ！」

「オゥッー！」

　朴統輝がひときわ大きな声で叫んだ。


　後半。

　予想通り相手のペースが落ちてきた。朝高は走り込みには自信があった。冬休み中走ってきたのだ。しかし相手のプレッシャーにミスも重なりなかなか得点ができない。

10分が過ぎた。

自陣22メートル付近でマイボールスクラムを得た。前半のようなミスはできない。ここでボールを失えば、一気にトライを奪われる可能性もある。

スピードだ。スピード。

高英紀は、素早くボールを入れた。瞬間、フッカーの金明俊がボールを後方へ送る。

ボールはナンバー8の李基成がそのまま拾い、右サイドを駆け抜けた。相手のディフェンスを半歩だけずらす。

そこへ、フルバックの康智勇が絶妙のタイミングで走り込んできた。サインではなかった。智勇の体はボールを持った李基成を見て勝手に前に出ていた。自陣ゴール前ということで、前に上がっていたポジショニングもよかった。

李基成のパスは、真横にフラットに浮いた。ボールを離した瞬間、基成は相手ディフェンダーに絡まれ、体勢を崩した。

「よし！　行け、智勇！」

申鉉秀は叫んだ。

「行けー」

「走れ、走れー」

試合を見守る部員たちからも歓声が上がる。

李基成の素早い動きのおかげで、康智勇がボールをもらった時点で相手のディフェンスラインは崩れ始めていた。後は智勇のスピードと、相手のバッキングアップ・ディフェンスとの勝負だった。

タックルにきた。左へのステップでかわす。智勇のスピードが落ちたところにふたり目が絡んできた。上半身を激しく揺すりふりほどく。走る、走る。

最後は相手フルバックとの勝負だ。

前に詰めてきたフルバックを左にかわす。それでもしつこく追いすがるフルバック。すでに50メートル以上を走った智勇のスピードもさすがに落ちる。掴まれた。ジャージを掴まれながら、そのまま滑り込んだ。その体は、インゴールを越えていた。

改めて大きな歓声が上がった。

「よし、同点だ」

中鉉秀は、ほぼ真ん中に決まったトライを見て言った。

ゴールも決まった。7対7。

試合時間は残り15分となった。

その後の10分間、朝高は攻め続けた。同点に追いついたという勢いもあった。ほとんど敵陣で闘い、後半20分。大きなチャンスが訪れた。

敵陣ゴール前5メートルでのマイボールスクラム。ここで取れれば一気に勝利は近づく。どう攻めるのか。

義弘は迷った。バックスの速い展開か。そのためにもフォワードでポイントを作るか。目の前5メートル先はインゴールだった。

スクラムを組もうとして、義弘は隣にいる朴統輝に言った。

「統輝、お前行けるか」

フォワードではいちばん力がある。スピードとスタミナではナンバー8の李基成にかなわないが、サイズとパワーなら朴統輝が上だ。

「おう、行くよ」

統輝が答えた。

「よし、基成、統輝と代われ」

ロックとナンバー8のポジションを変えることによって、パワーのある統輝にスクラムからのサイド攻撃をさせようというのだ。先ほど基成がサイドを抜けたことを考えれば、サイズのある統輝のほうが確実に前に出られる。トライができなくても、そこからバックスに回せばいい。

そう義弘は思った。キャプテンとしての判断だった。

ロックと、ナンバー8のふたりが入れ替わった。いや、入れ替わろうとしたその瞬間、レフリーの笛が鳴った。

「なんだ、どうした」

スクラムを遠くに見ていた申鉉秀には、何が起きたのかよくわからない。

だがその場にいた梁義弘にも笛の意味はわからなかった。なんだ。どうしたというのだ。

「ウェイストオブタイム！」

レフリーは言った。

「相手はスクラム組んでるんだからね。時間をかけすぎちゃだめだよ。フリーキック！」

ウェイストオブタイムとは、時間を無駄にかけ、プレーの進行を遅らせる行為に対するペナルティーである。

一度は組んだスクラムを、ポジションチェンジのために組み直そうとしたことで取られた反則だった。

レフリーの判断は正しかった。しかし義弘は、そんなことが反則になるとは知らなかった。統輝と基成は、ウェイストオブタイムという言葉を初めて聞いた。ウェイストが無駄、浪費である単語であることも知らない。

貴重なチャンスは消えた。

その後のいくつかのチャンスも、得点にはつながらなかった。多くがノックオンやパスミスなど、自らのミスによってチャンスを失っていった。東京高校は、スタミナがないとはいえ、ゴール前でのディフェンスは強固だった。

時間は刻々と過ぎた。

中鉉秀の時計では、残り2分。あとはレフリーがロスタイムをどれくらい取るかである。実際のところ、あっても残り3、4分だろう。

朝高が自陣からハイパントを上げた。陣地をかせぐ。できればボールの落下地点に早く辿り着きボールに絡みたい。フルバック康智勇のキックは高々と上がった。

その時、ボールを追って猛然と走る青いジャージの選手がいた。李成柱だった。

ボールの落下点には、すでに東京高校の選手が待ちかまえている。李成柱は、その選手に向かって一直線に走る。

ボールが落ちてくる。東京高校の選手がキャッチした。瞬間、李成柱は全速力のままタックルに入った。

「おぉっ！」

「ナイスタックル！」

タックルを受けた選手は、その勢いにボールを前に落とし倒れてうずくまった。

その凄まじさに、周りで応援する人から声があがった。

しかし、その声をかき消すように笛が鳴った。その音色はことさら激しく、大きなものだった。ペナルティーを告げる音である。

レフリーは、危険なハイタックルを宣した。

「あぁー」

先ほどの歓声は、溜息に変わる。

一つひとつのプレーについて裁定を下すのはレフリーである。レフリーが危険と見なせば危険なプレーであるし、たとえボールを前に落としても、レフリーの目に入らなければ、それはゲームの上ではノックオンではない。

そのことは、ラグビーに長くかかわる申鉉秀にとっては当たり前のことだった。

「惜しいけど仕方がない」

レフリーの裁定は絶対である。特にこの試合は高校生、しかも新人戦である。危険なプレーに厳しい裁定を下すことは、申鉉秀も納得のできるものだった。

東京高校は、ペナルティーキックからタッチに蹴りだし、ラインアウトを選択した。前半の得点時と同じパターンである。

東京高校ボールのラインアウト。ゴールラインまでは10メートルと迫っていた。

申鉉秀は時計を見た。すでに後半25分を過ぎている。後はロスタイムだけだ。

押されるな。押されれば負ける。守り切れ。相手は疲れているはずだ。守りきればワンチャンスでもお前たちにはトライを取れる力がある。展開さえできれば、そのスピードで相手を翻弄できるはずだ。

「最後だ、ディフェンス！」

思わず大きな声を上げた。

「緊張だ、緊張。集中して守れ！」

呉昇哲も大声を上げる。

応えるように、朝高フォワードが叫ぶ。

「絶対守るぞ！」

「オゥーッ！」

「フォワード、我慢だ我慢！」

バックスからも声がかかる。

守ってくれ。そしてボールを回してくれ。

東京高校のボールが入れられた。相変わらず高い。クリーンキャッチ。そのままモール。見事だった。

両脇のバインド、ボールのキープ。やはり朝高に比べてもまとまりがある。このまま、またトライを奪われるのか。危機感が募る。しかしここで負けるわけにはいかない。押されながらも、朝高フォワードは必死に抵抗する。

その時、朴統輝が叫んだ。

「絡んだ絡んだ！」

反撃の糸口が見えた。ボールに統輝の手がかかったのだ。

「在鎬、押せ、押せ！」

統輝が叫ぶ。

鄭在鎬は朴統輝に体を密着させながら押し込む。

「バカ、低くだ、低く！　姿勢を低くしろ」

梁義弘が鄭在鎬に体を押しつけながら声をかける。

言われて在鎬は上半身をかがめ、再度押し込んだ。

動いた。前にではないがモールの一団は横に動き始めた。

「在鎬、もっとだ、もっと！」

全員の声がかかる。

「レディー、ゴー！　レディー、ゴー！」

ボールに群がった一団はさらに横に動いていく。

しかし、さすがの東京高校はそこからさらに立て直してくる。力はゆるまない。ずるずると、斜めに移動を始めた。

その時、移動を阻止しようとひとりがモールの一団へと入った。

「あ！　ダメだ」

申鉉秀は叫んだ。しかし、グランドの外ではどうすることもできない。

レフリーの笛が鳴った。

「オフサーイドッ！」

モールの横から入るペナルティーだった。

時計はロスタイム2分を過ぎている。ラグビーでは、ペナルティーで試合が終わることはない。相手のペナルティーなら試合はいつまでも続くのである。

「下がれ、10（テン）バック！」

梁義弘は反則を繰り返さないように叫んだ。

しかし、東京高校は冷静だった。

東京高校のキャプテンは、ゆっくりとゴールを指さした。

「狙います」

試合開始早々、義弘も同じ選択をした。その時、ゴールはわずかに右にはずれた。いま、得点は7対7。入れば東京高校の勝ち越しとなる。おそらくその時点で試合は終わるだろう。

東京高校のキッカーは、ゆっくりと時間をかけてボールを置いた。

次の試合を待つ選手たちを含め、誰ひとり声をあげずにそのキックを見守った。山あいのグランドは再び静けさに包まれた。

梁義弘は、前半の朝高ペナルティーゴールのシーンを頭に浮かべた。

朴統輝は、自分がボールを奪えなかったことを悔やんでいた。

康智勇は、ゴールをはずれたボールをトライに結びつけることだけを考えていた。

申鉉秀は、腕組みをしたまま事態を見守っていた。ふと見ると、さきほどタックルをした李成柱が緊張の面もちで立っていた。

お前のせいじゃない。お前は勇気のあるタックルをした。自信を持っていいんだ。

キッカーが走った。

ボンッ！　と白いボールが弾ける音がした。

蹴り上げられたボールは、ゴールポストの間を静かに越えていった。

笛が鳴った。

歓声が上がった。

そしてもう一度レフリーは笛を吹いた。

それはノーサイドを告げる長い長い笛の音だった。

＊

東京朝鮮高校闘球部２００２年度チームの新人戦は１回戦で終わった。その後、東京高校は準決勝で久我山に破れはしたが、春季大会でも準優勝。シード権を得て、秋の花園予選では久我山とともに花園行きを決めた。

東京朝鮮高校はシード権を得られず、秋の花園予選では4戦目、準決勝で大東大一高に敗れた。その年、梁義弘キャプテンのチームもまた花園への扉を開くことができなかった。

しかし、東京朝鮮高校闘球部の希望は消えてはいない。

何のためにラグビーをするのか。何故辛く厳しい練習に耐えるのか。

申鉉秀は思う。社会に出れば、もっと厳しく辛いことが待ち受けているだろう。

ゴー・フォワード。

人生は楽なことばかりではない。苦しい時こそ、逃げるのではなく前へ進まなければならない。

ワンフォーオール・オールフォーワン。

世の中はひとりでは生きてはいけない。互いに信頼しあい、助け合い、社会を構成していかなくてはならない。

ノーサイド——。

どんな苦しい時でも、希望をもって闘い抜けば必ず結果が現れる。その先のノーサイドまで、いかに希望を持ち続けられるか。

苦しみを乗り越え、闘いを終えれば、敵も味方もないノーサイドが訪れるのだ。境界線のない世界が。

ノーサイドへの希望を持つことができたラグビー部員なら、きっとこの社会で生きていくことができるはずだ。

そして訪れるはずだ、この社会にも、境界線のない時が……。

◆本文中に登場する名前は、金元樹及び保護司の遠藤キミ代を除きすべて実名です。
金元樹が未成年の現役高校生だった点を鑑み、両名を仮名としました。

［補遺］朝鮮高校を知るために
日本に生きた1世の歴史から、次なる世代の未来へ――

1 「北か南か」

東京朝鮮高校のラグビー部について記す場合、朝鮮高校について触れなければならない。朝鮮高校に触れる場合、在日朝鮮人について語らねばならない。そして在日朝鮮人について語る場合には、「朝鮮」について繙《ひもと》かねばならないだろう。

私自身、日本に生まれた「朝鮮籍」を持つ〝在日朝鮮人〟3世である。私自身が東京朝鮮高校に通うことはなかったが、妻も、兄弟も、その他親類や友人の多くが東京朝鮮高校を卒業した。

そもそも今回の取材も、ラグビー部の申鉉秀監督が私の妻と同年で、高校、大学を通しての同窓生だったということがきっかけだった。

そんな〝在日〟として生きる私は、かつて日本人からしばしばこんな質問を受けた。

「李さんは〈北〉ですか〈南〉ですか」

悪意など微塵も感じないそんな質問に答えるのは、実はとても難しい。

いや、その質問の意図を理解するのが難しいのである。

問うところの南北とは、祖父母である1世の出身地を指すのか、南北の「国籍」を指すのか、あるいは対立する南北のイデオロギーを指すのか……。


もし出身地を問うならそれはまさに愚問である。われわれ〝在日〟はほとんどが南北でいうところの〈南〉、つまり現在の大韓民国の出身である。当時、日本への渡航手段が釜山と下関を結ぶ関釜連絡船と、済洲島と大阪を結ぶ定期便しかなかったことから〝在日〟のほとんどは〈南〉の出身である。比率にして9割以上、一説には98パーセントともいう。在日どうしで自分たちの祖父母の出身地を問うことはあっても、それは主に釜山のある慶尚道か、済洲島か、あるいは全羅道なのかであって、南北を問うことはありえない。もし相手が〈北〉出身なら「それは珍しい」と必ず驚くことになる。

もともと〈北〉の人口は〈南〉に比べ少ない上、当時〈北〉の故郷をあとにした人々のほとんどは北方の中国、当時の満州へと向かい、いまでは多くが中朝国境付近で朝鮮族として暮らしている。

では問うのは国籍のことなのだろうか。もしわれわれに国籍を問うとしても、その南北の違いでわれわれを区別することもあまり意味はない。なぜなら親子、兄弟、さらには夫婦間でさえ「国籍」が南北に〝分断〟されていることは珍しくなく、われわれの「国籍」は時代とともに常に〝変化〟してきたからだ。そもそも、日本で厳密に国籍を分けること自体が不可能なのである。

確かに〈南〉の国籍を持つ人は〈韓国〉、大韓民国という国家の国籍である。しかし一方の〈北〉と思われている〈朝鮮〉は朝鮮民主主義人民共和国という国家の国籍ではない。この世界に朝鮮という国家は存在しないし、日本と朝鮮民主主義人民共和国の間には未だ国交はない。

国交のない朝鮮民主主義人民共和国の国籍を持つ者は、日本に定住していないのである。朝鮮民主主義人民共和国の国籍を持つ者が日本にいるとすれば、例えば何らかの国際会議や国際的なスポーツ大会に参加するために入国した者だろう。近年日本に外国人が増えたとはいえ、朝鮮民主主義人民共和国の国籍を持つ者は、労働者はもとより留学生ひとりいないのが現実である。

〈朝鮮〉という〝国籍〟は、もともと戦前に朝鮮半島――の主に南部からやってきた、われわれの祖父母全員に対し、戦後の1947年に便宜上与えられたものである。厳密に言えば、1952年のサンフランシスコ講和条約発効までは、朝鮮半島出身者も国籍自体は日本だった。日本国籍でありながら、外国出身ということでその出身地を〈朝鮮〉とされたのである。

改めて言うなら、1947年には朝鮮半島には未だ国家が樹立されていない。朝鮮半島の南北に2つの国家が誕生したのはその翌48年のことで、それぞれの建国は大韓民国が8月15日、朝鮮民主主義人民共和国は9月9日だった。

その時点で出身地を〈朝鮮〉から〈韓国〉に改める者もいたが、それはあくまで少数であり、〈韓国〉に変わったところでいずれもが国籍ではなかった。なぜならいずれの国家とも日本は国交がなく、それ以前に日本自体がGHQの管轄下に置かれ独立国家ではなかったからだ。その後1950年から始まる朝鮮戦争(～53年)と、52年の講和条約を経て、日本と韓国の国交が正式に樹立されるのは65年のことである。

国籍としての「韓国籍」が生まれるのはその後のことであるが、それは従来の〈朝鮮〉籍を「韓国籍」に変更して取得するものだった。現在〈朝鮮〉籍を持つ人は、その変更を行なわなかった人々なのであり、決して朝鮮民主主義人民共和国の国籍を取得したわけではない。

もちろん、「韓国籍」に変更しないことをもって朝鮮民主主義人民共和国を選択したという意志表示とする人もいる。だからといって、現在〈朝鮮〉籍のままである人すべてが北朝鮮に帰属するわけではないのである。

確かに、一般には〈朝鮮〉籍から〈韓国〉籍に変更した人を在日韓国人、変更しなかった人を在日朝鮮人とし、それらを含めて在日韓国・朝鮮人と呼ぶということはある——もっともこれはあくまで日本人がわれわれを呼ぶ時の呼称であって、われわれは自らを在日韓国・朝鮮人などとは名乗らない——。

だが仮に〈韓国〉籍が在日韓国人であり、〈朝鮮〉籍が在日朝鮮人だとして、私にその〝国籍〟を問う意味は何なのかと逆に問いたい。

〈韓国〉籍は同じ資本主義国家の仲間であり、〈朝鮮〉籍は共産主義者である敵なのか。〈韓国〉籍の人とは美味しい焼き肉の話ができるが、〈朝鮮〉籍の人とは恐ろしくて話しができないのか。

だとすれば国籍の違う親子や兄弟でどんな会話をしていることになるのだろう。変更したことによって、その人間が変わってしまうのだろうか。もしかしたら、私に「〈北〉ですか〈南〉ですか」と問う真の意味は、「あなたのイデオロギーを教えて下さい」ということなのだろうか。

確かに、朝鮮高校をはじめとした全国の朝鮮学校を南北のイデオロギーだけで分けるとするなら〈北〉に属するだろう。

しかし、彼らは――そして〈朝鮮〉籍のままである私は――どれほどイデオロギッシュに生きているのだろうか。生徒たちはどれほど社会主義思想を理解しているのだろうか。少なくとも、親たちのうちいったい何人がイデオロギーを学ばせたいがために我が子を朝鮮学校に送っているのだろうか。

朝鮮学校においてのイデオロギー。そのことを知るためには、時代を戦前、戦後まで遡らなければならないだろう。

2　朝鮮学校の勃興

東京朝鮮高校が創立されたのは１９４６年の10月のこと。現在の東京朝鮮第４初中級学校である東京足立区の朝鮮学校ができたのは、まさに終戦直後の45年9月である。ほかにも、現在日本全国の100を越える朝鮮学校の大半が終戦直後の45年から50年代初めに生まれている。

東京朝鮮高校をはじめ、多くの朝鮮学校が日本で生まれた頃、朝鮮半島に国家はなく北朝鮮も韓国もなかった。そこにあったのは朝鮮というひとつの民族であり、われわれの祖父母たちも、日本で暮らす朝鮮人として朝鮮人の学校を作った。そこにあったのは、イデオロギーよりむしろナショナリズムだった。

ではなぜ終戦直後、まさに〝雨後の筍〟のように朝鮮学校が生まれたのか。そこには明確な理由があった。

1945年の終戦とは、日本人にとっては敗戦であり、当時の朝鮮人にとっては勝利であり、解放であった。日本の植民地政策によって国を奪われていた朝鮮人は、その日を境に一気に故国へ帰り始める。当時日本にいた在日朝鮮人はおよそ200万人、一説には250万人ともいわれる。そのうち、終戦直後から翌46年3月までのわずか7ヶ月の間に、約130万人の人々が国に帰っていった。

帰るとはいえ、終戦直後の混乱期である。安定した定期便があるわけでもなく、日本も朝鮮半島や中国からの引き揚げ者に追われているありさまだった。その混乱の中、下関や博多を中心に、日本海沿岸の港町には朝鮮人があふれ、旅客船を待ちきれない人々は、自費で漁船を調達して帰っていった。小さな漁船で渡るには玄界灘の波は荒く、沿岸の砂浜には多くの水死体が流れ着いたという。

それでも故国へ帰国する人はあとを断たず、46年3月の時点で日本政府が実施した「帰還希望者登録」には、51万余名が登録した。その時点で日本に残っていた朝鮮人が約70万人だとして、登録した人間が50万以上にのぼったのだから、実際には大半の人が帰国を希望していたのではないだろうか――ちなみに、近年日本では「強制連行はなかった」との論調が生まれているが、「強制連行」の定義論はともかく、日本に自らすすんでやってきた朝鮮人がいかに少なかったかということがわかる。

このように在日朝鮮人の大半が帰国を前提としていながらも、一方で朝鮮学校は次々と生まれていった。一見矛盾するようなその理由を知るためには、さらに歴史を繙かなければならない。

戦争末期、200万人にも達した在日朝鮮人は、朝鮮人でありながらも、朝鮮人ではなかった。1910年の日韓併合以降、彼ら、すなわちわれわれの祖父母たちは、国を奪われ、名前を奪われ、そして言葉を奪われていた――日韓併合は両国の合意のもの、日韓併合によって朝鮮半島には富がもたらされ、近代化が進んだというような歴史解釈がなされようとも、多くの朝鮮人たちは、亡国の民としての苦難を味わっていた事実に変わりはない。

創氏改名のもと、みな日本式の名前をつけられ、朝鮮語を話すことを戒められた。中でも悲惨だったのが、子供を持つ家庭である。子供たちは日本の名前で学校に通い、日本語を強要された。子供である分、日本語の修得も早かったが、親との会話は途絶えがちになる。子供たちにとっては、朝鮮語を話すことは罪であり、少なくとも蔑みの対象となるのである。子供たちは日本語は話せても、すすんで朝鮮語など学ぼうとはしない。キムチを食べるというだけで、にんにく臭いといじめられる子供たちが、なんのために朝鮮語を話すだろうか。

私の母方の祖父母には、7人の娘がいた。もちろん、祖父母が生まれ育ったのは現在の韓国、朝鮮半島の南部である。祖母は戦前、故国で生んだふたりの子を連れ、身重の身体で日本へと渡ってきた。すでに炭坑労働者として単身日本に渡っていた祖父に呼ばれてのことだ。祖父とともに炭坑で働いた祖母は、来日後、日本で三女を生んだ。仕事を休んだのは、その日と、その翌日の2日だけだったという。

故国で生んだ子には、順花、貞花と朝鮮の娘らしい名を授けていた。三女も玉山という名だった。しかし、その後に日本で生まれた四女の名は花子だった。可愛らしいといえば可愛らしいが、それは決して朝鮮の名ではなかった。その後に続く2人は孝子と行子。そして最後は緑だった。私の母を含む7人姉妹は、いずれもが子供の頃は朝鮮語を話せなかった。美しい朝鮮の名を授かった3人の娘も、日本の学校へ通う際の名は、それぞれ順子、貞子、玉子だった。日本語をうまく理解できない母、朝鮮語を話せない、話したくない娘たち。おそらく当時の朝鮮人の家の事情は、どこも似たようなものだったろう。

想像して欲しい。もしある日本人が、転勤のため家族全員で外国に渡った際、その家の子供が日本語を話さなくなったら。自分の子供に日本人としての名前をつけることができなくなったら。子供が日本語を話さないどころか、もし日本語を話す親を軽蔑し始めたとしたら。

そしてもし子供にこんなことを言われたとしたら。

「お母さん、なんで私を日本人なんかに生んだの。私は日本人なんかに生まれたくなかった！」

幸い、私の母を含めた叔母たちは、自分の母親にそんな言葉をぶつけることはなかったが、同じ様な気持ちは持ったという。

いまや想像することすら難しいかもしれないが、そういった家族が日本中にあったのである。

そんな中での8月15日。祖国の解放、故郷への帰還。夢にまで見た日だった。が、その時に人々は思った。子供たちに言葉を教えたい。朝鮮語の読み書きができて欲しい。なぜなら、祖国、朝鮮に帰るのだから。日本語しか知らない子供たちに、せめて帰国を前に言葉を教えておきたい。

そのために次々と生まれていったのが朝鮮学校だったのである。その発祥は、学校というより塾、あるいは寺子屋といったものだった。抑圧を受けていた分、それまでの苦労が多かった分、日本での朝鮮学校は一気に勃興したのだった。だがおそらくはその時点で、以来半世紀以上にわたって日本の地で民族教育を続けると思った者はいなかっただろう。

本来は半世紀どころか、ほんの2、3年のつもりだった。安心できる帰国への道が開かれるまでのほんのわずかのはず。ところが、そのほんのわずかのうちに事態は急変する。

第一の問題は、在日朝鮮人たちの故郷である朝鮮半島の南部が、飽和状態になったことだった。もともと朝鮮半島は、山岳地帯が多く土地が痩せた北部に比べ、南部には肥沃な土地が多い。そのため日本の植民地政策でも南部は食料確保のための農村地帯とし、北部には鉱物資源を利用した軍需工場などを建設した。ところが、戦争が終わってみると北部にある工場は停止、当然働いていた労働者も職を失うことになった。軍の中には撤退時に工場を破壊していく場合もあり、文字通り軍需工場は無用の長物となったという。

そのため、南部の農村地帯には一気に人が流れ込んだ。そこには日本にいた在日朝鮮人130万人のほか、中国＝当時の満州や朝鮮半島から日本へ引き揚げようという日本人も含まれていた。日本へ帰るには、南端の港町、釜山から船に乗るのが近道だからだ。

解放されたその年45年は豊作の年だったというが、それでも急増した人口の食料は確保できず、農村もたちまち困窮する。解放の喜びからわれ先にと帰国を急いでいた在日朝鮮人も、そういった事情を人づてに知るにつれ、帰国を一時見合わせるようになった。しばらくの我慢だ。いずれ混乱が収まった時点で帰ればいいと、誰もが思った。

私の祖父母たちも一度は帰国を決意した。決意どころか帰国のために荷物もまとめ終えていたのだ。そしていざ帰ろうとしたその時、祖母は突然体調を崩す。理由は妊娠によるものだった。妊娠していたことは知っていたが、多少の無理をしてでも帰りたかったのだという。故国から日本に来る時も妊娠していた。帰れるのなら、一日も早く帰りたかった。どうせ死ぬのなら、故郷の家で死にたい、と。しかしその時の苦しみはあまりにひどく、結局は帰国を見合わせたのだった。その後生まれたのは、孝子・行子の双子の姉妹だった。娘が6人に増えて生活はますます苦しくなったが、のちのち祖母は「双子を生んだために自分は日本に残った」とよく言っていた。

思えば、その双子は一家の命を救ったといえるかもしれない。その後、食料難以上の混乱が故国を襲う。1950年より始まった朝鮮戦争である。私の祖父母にとっても、そして当時の多くの在日朝鮮人にとっても、それはあまりにも悲しい出来事だった。それまで国を奪われていた1世にとって、ようやく解放された祖国が、新たな戦場となるのはもちろんのこと、その戦場で同じ民族が血で血を争い、38度線によって分断されるなど夢にも思わないことだった。

戦争が、東西冷戦の代理戦争であり、その分断が大国の論理によるものだと知るのはずっと後になってからのことだ。38度線は無情にも引かれ、その南北の分断は日本にも持ち込まれることになる。

それは〈北〉=総連と〈南〉=民団という在日組織の対立でもある。だが当時、その支持基盤は圧倒的に総連、つまり〈北〉だったのである。やがては日本の朝鮮学校も南北いずれかの二者択一を迫られ、結果としてその選択は〈北〉となる。

3 〈北〉への思い

なぜ学校は〈北〉を選んだのだろうか。本来はほとんどが南出身にもかかわらず在日朝鮮人はなぜ〈北〉を支持したのだろうか。当時の実状を考えると、それは学校が〈北〉を支持したというより、教育の場である学校が〈北〉に支援されたという言い方のほうが正しいだろう。

当時の南北の経済的な問題である。朝鮮戦争後、韓国は経済的に窮地に立たされる。言うまでもなく朝鮮戦争は米ソ大国の代理戦争であり、南北朝鮮の争いはそのまま世界の〈東西〉の争いであった。韓国とともに闘ったアメリカ——実際には国連軍の名のもとアメリカが指揮。マッカーサーが軍のトップだった——は、その休戦後に韓国への経済援助を大幅に削減した。ちなみに朝鮮戦争は未だ休戦のままであり、終戦は迎えていない。

戦後の混乱期に援助を削減された韓国は、大打撃を受ける。もともと韓国は北朝鮮のおよそ2倍の人口を抱え、自国民を食べさせるだけでも苦労していた。とても日本に住む同胞を——たとえそのほとんどが朝鮮半島南部出身者であれ——助ける余裕などなかった。一方、北朝鮮の経済は、飛躍的に発展しはじめる。北朝鮮は鉱山資源も豊富だった上、ソ連の援助を受けながら各種工場も建設、新たな農地開拓も行なった。

そして日本での民族教育に対し北朝鮮が資金援助を始めるのである。本来なら、帰国——それは朝鮮半島南部への帰国——のための一時的な学校だったものを、本格的な民族学校として存続するようにとの支援だった。

一方で棄民政策ともとれる韓国の政策に対し、北朝鮮から行なわれる様々な援助。心がなびくのも無理はない。

そしていまひとつ、当時の在日朝鮮人の心をひきつけたキーワードは「差別と貧困からの脱出」である。

思い起こして欲しい。かつて日本で差別が横行し、貧しい生活から抜け出せない人たちが何を望んでいたのかを。どんな社会を理想としていたのかを。それは日本だけではなく、世界的な流れでもあった。中国に社会主義国家、中華人民共和国が誕生したのは１９４９年。地球の反対側キューバで社会主義革命が成功したのが10年後の59年のこと。１９５０年代からしばらくは、世界には社会主義革命の波が押し寄せるのである。

21世紀となり、ベルリンの壁の崩壊から10年以上を経たいま、したり顔で社会主義の欠陥を指摘し、指導者の資質を揶揄するのは簡単なことだ。だが、あの時代、差別と貧困をなくそうと理想に燃えていた人たちを、〝過ち〟だと糾すことができた人はどれほどいただろう。日本でさえ、社会党や共産党が大きな力を持っていた時代がある。その時代を歴史から消すことなど誰にできるのだろうか。

あの時代、おそらく日本でもっとも差別と貧困にあえいでいたのは在日朝鮮人だった。その差別と貧困から脱出するためなら、何にでもすがりたかったはずである。

社会主義、共産主義を標榜する北朝鮮、朝鮮民主主義人民共和国。そしてその国を支持する在日本朝鮮人総聯合会＝総連。在日朝鮮人の多くは、総連を支持した。

現在の韓国に故郷を持ち、日本で7人の娘を育て上げた私の祖母が、かつて私に言ったことがある。

「金日成〝首相〟は偉いに決まってるよ」

首相とはかつての肩書きであり、当時を知る祖母はずっとそう呼んでいた。

何故と問う私に、祖母は言った。

「だって、娘が通うウリ学校を作ってくれたじゃないか。私は娘が日本で朝鮮語を習うなんて思いもしなかったよ」

祖母の7人の娘のうち、末娘だけは東京朝鮮高校に通うことができた。ほかの娘たちが日本語しか話せなかった中で、ひとりでも母国語で会話ができたことは祖母のこのうえない喜びであり、民族衣装のチョゴリを着て学校に通う娘の姿は大きな誇りだったのだろう。

祖母は、日本語どころか朝鮮語の読み書きもほとんどできない。そんな祖母がマルクス全集を読むはずもなく、共産主義の何たるかなどほとんど理解できていなかった。

祖母にとっての北朝鮮は、総連は、そして朝鮮学校は、いずれもが決してイデオロギッシュなものではなかった。それらは日本での差別と貧困から救い出してくれ、朝鮮人としての民族を取り戻してくれる組織であった。当時祖母が〈北〉を支持した理由は、朝鮮人としての日本での生活という〝現実〟のためだったと思う。

そして60年代。当時の在日朝鮮人の心を決定的に捕らえたのは、北朝鮮のとなえる魅惑の四文字だった。

いまにして思えば、冷戦まっただ中の１９６０年代以降、その四文字こそが多くの在日朝鮮人の心を揺るがし、故郷の〈南〉をさしおいてさえも〈北〉を選ばせた言葉ではないだろうか。

その四文字とは『祖国統一』――。

１９１０年以来、朝鮮民族は長く亡国の民となっていた。差別も貧困も、国がないということに由来するのではないか。多くの人たちが国を求め、闘い、血を流し命さえ失ってきた。そして迎えた１９４５年。解放も束の間、東西の大国によって戦争は引き起こされ、祖国は分断された。53年に朝鮮戦争は休戦となり、以降も同じ民族でありながら罵りと争いは続いた。そんな中で、国が欲しい。祖国が欲しい。たったひとつの、争いのない自分たちの国が欲しい。そう思った在日朝鮮人は多かったはずだ。

朝鮮戦争による分断後、声高に『祖国統一』を叫んだのは北朝鮮、朝鮮民主主義人民共和国であった。それでも統一論議は遅々として進まず、１９６１年には韓国である出来事が起こる。朴正煕陸軍少将（当時）による軍事クーデターだった。以来、彼は長きにわたって韓国の権力者であり続けるのだが、韓国大統領の時代、朝鮮半島の統一を決して叫ばなかった。なぜなら朴正煕大統領の政策は「先経済・後統一」であったからだ。経済的に安定するまでは、統一を推し進めないというものである。

その時代、亡国の哀しみ、貧困、差別といった苦しみに直面した在日朝鮮人にとって、『祖国統一』という言葉はどれほど魅惑的に映ったであろう。そして、その言葉をとなえながら新生国家の建設をおしすすめ、毎年のように日本の民族学校に援助金を送ってくれたのが〈北〉であったのである。

繰り返すが、朝鮮学校にあったのはイデオロギーよりむしろナショナリズムだったはずである。マルクスの掲げる難しい論理よりも、『祖国統一』という四文字が、私の祖母を始め多くの市井の在日朝鮮人の心を惹きつけたのだ。

90歳を過ぎてなお、1世として日本に生きる祖母は、娘のひとりを民族学校に送ることができたことに感謝し、さらに多くの孫や曾孫たちが母国語で語りかけてくれることには喜びを感じている。民族を学び、守る場が、日本にあることはとても大事なことだと思っている。

確かに、戦前戦後に比べ朝鮮人に対する差別は少なくなっただろう。当時を思えば、激減したといってもいい。それでも、民族学校へ通わず、日本の学校へ通っている生徒、児童の何人が本名を名乗っているのだろうか。創氏改名時につけられた日本の名を使わずに、何の問題もなく普通に通える日本の学校がいま現在どれほどあるのだろうか。ましてや、母国の言葉や歴史を教えてくれる学校が。

日本という地で、民族を守り、それを受け継がせてくれる学校は、朝鮮学校しかないのである。

4　新たな関係

歴史に〝もし〟はないとは誰もが知るところだ。だが、もし戦前の創氏改名がなく朝鮮人に朝鮮語を自由に話せる機会があったのなら、戦後の朝鮮学校は生まれなかったかもしれない。もし、日本の学校で朝鮮人を暖かく迎え入れる体制がととのっていたなら、朝鮮学校はすぐに消えてしまったのかもしれない。もし、その後の朝鮮半島での大国の代理戦争がなければ、在日朝鮮人は、限りなく少なかったかもしれない。

もちろん、もし日韓併合がなかったら、もし第二次世界大戦がなかったら、と、思うことは数限りなくある。

だが、やはり歴史に〝もし〟はないのだ。歴史の評価に異なる意見はあっても、歴史の流れが覆ることはない。

日本人と、在日朝鮮人——北朝鮮、韓国を含めたすべてのコリアンとの対話の中で起こるのは、歴史認識の差であるが、それは往々にして記憶と忘却の差である。例えばそれは、日本はヒロシマだけは忘れないが、アメリカはパールハーバーだけは忘れないといったものだ。親族や知人を筆頭に、自国民に被害者が生まれた場合は、その記憶は鮮明に残り、悲しみは語り継がれる。一方、加害者側はその罪を罪として歴史に刻み続けるのは容易ではなく、いつしか出来事は記憶の片隅に追いやられることとなるのだろう。

立場が違えば、記憶も認識も違う。それはいたしかたのないことなのかもしれない。それでも日本には朝鮮学校があり、朝鮮学校に通う生徒たちが現存するのだ。

様々な歴史の変遷の中で続いてきた在日朝鮮人の民族教育は、おそらく今後も紆余曲折はあれ——それもまた必須だが——続いていくだろう。そして、そのことこそが、日本の歴史の新たな1ページを刻むのではないかと思う。

まったくもってわがままで、さらに独善的と思われるのを覚悟しつつ、私の意見を言わせてもらうなら、日本で朝鮮学校が存在し続けることは、日本という国にとっては有意義なことだと思う。

日本の過去の歴史を認識する上でも、また、日本の未来に生かすためにも。

東西冷戦の終焉の後、世界では民族紛争が続発した。民族紛争の主な原因、そして解決に向けての障害は、お互いの理解不足である。互いに価値観の違う民族が、自分たちと違う価値観の民族を排斥しようとする。

民族が違えば、立場が違えば、価値観が違うのは当たり前なのだ。価値観が違うから忌み嫌い、排斥するのであれば、争いと憎しみは永遠に終わらないだろう。同じ民族であれ価値観の違いは生まれ、同じ社会の中でさえ、立場の違いは存在するからだ。

互いの立場や価値観を理解することは実際とても難しいだろう。ならば、理解の一助になるためにも互いを知ること。そこから始めることによって相互の理解が始まるのではないかと思う。そのきっかけは些細なことでもいい。

かつて70年代。東京朝鮮高校にラグビー部が産声を上げた頃、彼らは日本の社会でどこからも相手にされなかった。日本人にとって、朝鮮高校は危険で恐ろしい腫れ物だった。蓋をしておきたい〝臭いもの〟だった。あるいはそれは、開けてはならない「パンドラの箱」だったのかもしれない。一方の朝鮮高校も、組織という〝温室〟の中で純粋培養されていたのかもしれない。外の世界を知らない生徒にとって、日本人は差別主義者の〝ブタの足〟だった。

それでも、ほんの偶然から交流が始まり、身体と身体をぶつけ合い、互いに互いの痛みを知ることによって、少しずつ相手を知り始めた。

また同時に、〝差別社会〟に生き、やり場のない若いエネルギーを持て余していた朝高生が、ラグビーを通し少しずつではあるが目標を持ち、やりがいを見つけていった。

本名を名乗ることさえ簡単ではない日本の社会の中で、出自を気にしながら生きる青少年たちが、大きな夢や希望を持って生きることは簡単なことではないはずだ。

堂々と名を名乗り、日本の社会の一員であれたなら。日本の高校生と同じ土俵に立てたなら。

１９９４年。日本の公式戦への門戸は開かれ、スポーツを愛する朝高生たちは〝異邦人〟として初めて日本の社会に受け入れられたのだ。在日朝鮮人側が門を叩き続けたということもあるが、多くの日本人がその手助けをしてくれ、その力があってこそ門は開かれたのだと感謝している。

そして多くの関係者が暖かく迎え入れてくれた。同じ花園という夢を持って汗を流す朝高生たちを受け入れ、練習試合の相手をしてくれ、様々なことを教えてくれた。

かつての花園常連校、目黒学院の幡鎌孝彦監督はスクラムワークを、ライバル校東京高校の森秀胤監督は、花園経験者としての体験談を、近隣の帝京高校の嶋崎雅規監督はレフリーとしてのアドバイスを、常勝、國學院久我山高校の竹内伸光監督は試合の重要性を……。

そして、李永旼をはじめ、朝鮮高校ラグビー部のOBを初めて入学させてくれた山梨学院大学の松澤友久前監督は、いい選手がいればいくらでも紹介して欲しいと言いながら「15人みんなコリアでもいいと思ってるんだ。ラグビーが好きならそれでいいじゃないか」と、冗談とも本気ともつかぬ口調で門戸を広げてくれた。

もちろん、25年も前にたったひとりで金網をくぐった飯倉猛青年のラグビーに対する愛情と、その勇気も忘れられない。それは、ラグビーという国籍を越えたスポーツを愛するがゆえの行動だったのか。

もしかしたら、飯倉青年こそ、「パンドラの箱」を開けたその人だったのだろうか。差別と偏見と、憎悪と争いの中にあった、ひとつの希望を取り出した人だと……。

東京朝鮮高校ラグビー部は、いまだ全国大会への出場はない。だが、花園出場という希望を持ち続けながら厳しい練習に耐え続ければ、きっといつの日かその希望もかなうだろう。かなう日が来ると私は固く信じている。

考えて欲しい。

もし、彼らの希望がかない花園への出場が果たせたなら、その時、東京朝鮮高校ラグビー部の部員たちは、東京都の代表として花園の芝に立つのである。

その日、その時――。

ラグビー部員たち一人ひとりが、東京の代表であるという誇りを持つことができるのか。選手たちが、多くの日本の友人や師に感謝し、ともに闘った彼らの代表であるという責任と自覚をもてるのか。

そして東京都民が、いや日本中の人々が、東京朝鮮高校ラグビー部を、東京の代表として受け入れてくれるのか。

その事実を事実として素直に受け入れてくれた時、私は、日本に住む在日朝鮮人のひとりとして、日本に生まれ、日本に暮らすことを誇りに思うだろう。多くの日本の友人や知人に囲まれ、在日朝鮮人としてこの社会に生きることを。

私はいま、その日は必ず訪れるという希望を持っている。

［了］

◆本作品は第9回「小学館ノンフィクション大賞」最終候補作に大幅加筆訂正したものです。

◉著者プロフィール
李淳馹
LEE SUNiL　リ・スンイル

1961年日本生まれの在日コリアン3世。
著書に、朝鮮半島出身者としての苦悩を抱えて生きた
プロレスラー・力道山の生涯を描いた
『もう一人の力道山』（小学館／ 1996)、
大阪朝鮮高校ラグビー部について記した
『ラグビー・ルネッサンス』（共著／双葉社／ 2004）など。
現在、関東ラグビーフットボール協会公認レフリー。

書名……………………青き闘球部
副題……………………東京朝鮮高校ラグビー部の目指すノーサイド
著者……………………李淳馹
写真……………………井田新輔［カバー］・福田文昭［章扉］
編集……………………那須ゆかり・沢辺均
ブックデザイン……山田信也
発行……………………2007年9月1日［第一版第一刷］
定価……………………1,900円+税
発行所…………………ポット出版［株式会社スタジオ・ポット］
150-0001 東京都渋谷区神宮前2-33-18#303
電話 03-3478-1774
ファックス 03-3402-5558
ウェブサイト http://www.pot.co.jp/
電子メールアドレス books@pot.co.jp
郵便振替口座 00110-7-21168 ポット出版
印刷・製本………株式会社シナノ
ISBN978-4-7808-0106-4 C0095

Blue rugby team of Korean high school
by : LEE SUNiL
Editor : NASU Yukari, SAWABE Kin
Designer : YAMADA Shinya

First published in Tokyo Japan, September 1, 2007 by Pot Pub.Co.ltd
#303 2-33-18 Jingumae Shibuya-ku
Tokyo, 150-0001 JAPAN
www.pot.co.jp/
books@pot.co.jp
Postal transfer : 00110-7-21168

ISBN978-4-7808-0106-4 C0095

書籍DB●刊行情報
1 データ区分——1
2 ISBN——978-4-7808-0106-4
3 分類コード——0095
4 書名—— 青き闘球部
5 書名ヨミ——アオキトウキュウブ
7 副題——東京朝鮮高校ラグビー部の目指すノーサイド
8 副題ヨミ——トウキョウチョウセンコウコウラグビーブノメザスノーサイド
13 著者名1——李淳馹
14 種類1——著
15 著者名1ヨミ——リ・スンイル
22 出版年月——200709
23 書店発売日——20070901
24 判型——四六判
25 頁数——280
27 本体価格——1900
33 出版社——ポット出版
39 取引コード——3795

本文●ラフクリーム琥珀・四六判Y目・71.55kg(0.130)／スミ
見返し●ミニッツGA・ナチュラル・四六Y目・100kg
表紙●ミニッツGA・スノーホワイト・四六Y目・100kg／TOYO 0441
カバー・オビ●マイカレイド・純白・四六Y目・110kg／プロセス4色／グロスPP
はなぎれ●71番（伊藤信男商店見本帳） スピン●55番（伊藤信男商店見本帳）
使用書体●游明朝体M+游明朝体五号かな+Times New Roman／MB101／見出しゴ／PFrutiger
2007-0101-2.5